Sitzungsberichte der Heidelberger Akademie der Wissenschaften

Mathematisch-naturwissenschaftliche Klasse

Die Jahrgänge bis 1921 einschließlich erschienen im Verlag von Carl Winter, Universitätsbuchhandlung in Heidelberg, die Jahrgänge 1922—1933 im Verlag Walter de Gruyter & Co. in Berlin, die Jahrgänge 1934—1944 bei der Weiß'schen Universitätsbuchhandlung in Heidelberg. 1945, 1946 und 1947 sind keine Sitzungsberichte erschienen.

Jahrgang 1939.

1. A. Seybold und K. Egle. Untersuchungen über Chlorophylle. DM 1.10.
2. E. Rodenwaldt. Frühzeitige Erkennung und Bekämpfung der Heeresseuchen. DM 0.70.
3. K. Goerttler. Der Bau der Muscularis muscosae des Magens. DM 0.60.
4. I. Hausser. Ultrakurzwellen. Physik, Technik und Anwendungsgebiete. DM 1.70.
5. K. Kramer und K. E. Schäfer. Der Einfluß des Adrenalins auf den Ruheumsatz des Skeletmuskels. DM 2.30.
6. Beiträge zur Geologie und Paläontologie des Tertiärs und des Diluviums in der Umgebung von Heidelberg. Heft 2: E. Becksmann und W. Richter. Die ehemalige Neckarschlinge am Ohrsberg bei Eberbach in der oberpliozänen Entwicklung des südlichen Odenwaldes. (Mit Beiträgen von A. Strigel, E. Hofmann und E. Oberdorfer.) DM 3.40.
7. Studien im Gneisgebirge des Schwarzwaldes. XI. O. H. Erdmannsdörffer. Die Rolle der Anatexis. DM 3.20.
8. Beiträge zur Geologie und Paläontologie des Tertiärs und des Diluviums in der Umgebung von Heidelberg. Heft 4: F. Heller. Neue Säugetierfunde aus den altdiluvialen Sanden von Mauer a. d. Elsenz. DM 0.90.
9. K. Freudenberg und H. Molter. Über die gruppenspezifische Substanz A aus Harn (4. Mitteilung über die Blutgruppe A des Menschen). DM 0.70.
10. I. von Hattingberg. Sensibilitätsuntersuchungen an Kranken mit Schwellenverfahren. DM 4.40.

Jahrgang 1940.

1. F. Eichholtz und W. Sertel. Weitere Untersuchungen zur Chemie und Pharmakologie der Heidelberger Radiumsole. DM 2.20.
2. H. Maass. Über Gruppen von hyperabelschen Transformationen. DM 1.20.
3. K. Freudenberg, H. Walch, H. Grieshaber und A. Scheffer. Über die gruppenspezifische Substanz A (5. Mitteilung über die Blutgruppe A des Menschen). DM 0.60.
4. W. Soergel. Zur biologischen Beurteilung diluvialer Säugetierfaunen. DM 1.—.
5. Annulliert.
6. M. Steck. Ein unbekannter Brief von Gottlob Frege über Hilbert's erste Vorlesung über die Grundlagen der Geometrie. DM 0.60.
7. C. Oehme. Der Energiehaushalt unter Einwirkung von Aminosäuren bei verschiedener Ernährung. I. Der Einfluß des Glykokolls bei Hund und Ratte. DM 5.60.
8. A. Seybold. Zur Physiologie des Chlorophylls. DM 0.60.
9. K. Freudenberg, H. Molter und H. Walch. Über die gruppenspezifische Substanz A (6. Mitteilung über die Blutgruppe A des Menschen). DM 0.60.
10. Th. Ploetz. Beiträge zur Kenntnis des Baues der verholzten Faser. DM 2.—.

Jahrgang 1941.

1. Beiträge zur Petrographie des Odenwaldes. I. O. H. Erdmannsdörffer. Schollen und Mischgesteine im Schriesheimer Granit. DM 1.—.
2. M. Steck. Unbekannte Briefe Frege's über die Grundlagen der Geometrie und Antwortbrief Hilbert's an Frege. DM 1.—.
3. Studien im Gneisgebirge des Schwarzwaldes. XII. W. Kleber. Über das Amphibolitvorkommen vom Bannstein bei Haslach im Kinzigtal. DM 1.60.
4. W. Soergel. Der Klimacharakter der als nordisch geltenden Säugetiere des Eiszeitalters. DM 1.40.

Sitzungsberichte
der Heidelberger Akademie der Wissenschaften
Mathematisch-naturwissenschaftliche Klasse
Jahrgang 1956, 1. Abhandlung

Die Gesundheitsgesetzgebung des Magistrato della sanità Venedigs.
1486 – 1550.

Von

Ernst Rodenwaldt

Vorgetragen in der Sitzung vom 11. Februar 1956.

Heidelberg 1956
Springer-Verlag

ISBN-13:978-3-540-02084-4 e-ISBN-13:978-3-642-45858-3
DOI: 10.1007/978-3-642-45858-3

Druck der Universitätsdruckerei H. Stürtz AG., Würzburg

Die Gesundheitsgesetzgebung des Magistrato della sanità Venedigs. 1486-1500.

Von

Ernst Rodenwaldt.

Inhaltsübersicht.

Seite

Vorwort 4

1. Einleitung 6

2. „Delli Lazaretti et Priori di essi et ordeni che hanno a tenir nelle dicti lochi in tempo di morbo." (Von den Lazaretten und ihren Prioren sowie der Hausordnung, die diese an den genannten Orten aufrecht zu halten haben in Zeiten der „Krankheit".) 16

3. Lebensmittel 26

a) „Delli ordeni delle beccharie e circa il vender delle carne." (Von der Schlachthausordnung und vom Fleischhandel.) 28

b) „Delli ordeni circa le pescarie et del vender li pesci, cappe, ostrege et altre cose triste." (Von den Bestimmungen über die Fischmärkte und betreffs des Verkaufs von Fischen, Muscheln, Austern und anderen verdorbenen Waren [gemeint, wenn sie verdorben sind].) 34

c) „Delli compravendi de oselli et de ogni altra cosa." (Von den Händlern mit Geflügel und anderen Dingen [Eiern].) 41

d) „Delli fruttaroli et quelli che vendono frutte per la terra. (Von den Obst- und Gemüsebauern und denen, die Obst und Gemüse in der Stadt verkaufen.) 43

e) „Delli farine et formenti." (Vom Mehl und Getreide.) 44

f) „Delli casaruoli et luganegheri." (Von den Käsehändlern und Wurstmachern.) 46

g) „Dell'olio." (Vom Öl.) 59

h) „Delli vini et delle magazeni." (Vom Weinhandel und den Weinlagern.) 62

4. „Di quelli che vendono acqua." (Von den Wasserverkäufern.) . . . 68

5. „De quelli che dano allozamento." (Über das Unterbringen von Fremden.) 71

6. „Delle scoazze et cose che rendono fettori." (Vom Unrat und den Gestank verursachenden Dingen.) 72

7. „Delli mendicanti et hospedali." (Von den Bettlern und den Krankenhäusern.) 79

8. „Delle meretrice et ruffiani." (Von den Dirnen und Kupplern.) . . 91

9. „Delle Medici Physici, Barbieri et Spicieri." (Von den Ärzten, Physici, den Barbieren und Apothekern.) 101

10. „Circa li Hebrei." (Betreffs der Juden.) 107

11. Schlußbemerkungen 111

12. Anhang 117

Literatur 122

Vorwort.

Für die Geschichtsschreibung haben die politischen und wirtschaftlichen Vorgänge den Primat als entscheidende Faktoren für die Existenz überhaupt, die Erscheinungen des kulturellen Lebens die Bedeutung von Zeugnissen für den geistigen und seelischen Gehalt einer Zeit als ihres wertvollsten Ausdrucks.

So eindrucksvoll sind diese Manifestationen des Lebens für den betrachtenden Nachfahren, daß er die Träger dieses Lebens darüber vergißt, es sei denn, sie gehörten zu seinen Gestaltern. Eine verlustreiche Schlacht erscheint in den Annalen des Siegers wie des Besiegten noch nach Jahrhunderten, der Tod von Zehntausenden durch Seuchen oder Naturkatastrophen bewegt die Nachwelt nicht.

Daß alles Auf und Nieder im Leben der Staaten mitgetragen und mitbedingt wird durch Gesundheit und Krankheit des Volkskörpers, daß darin einbeschlossen sind auch die Freuden und Leiden der Menschen, ihr Können und Versagen, ihr gutes und böses Trachten und Tun, das steht wenig beachtet am Rande.

Selten sind die Dokumente, aus denen persönliches Erleben dessen spricht, der nur Einer von Vielen ist. Unsicher ist, was selbst ein Schriftsteller von starkem Einfühlungsvermögen auszudeuten bemüht ist.

Die Gesetzgebung eines verantwortungsvollen und vorausschauenden Staatswesens aber kann uns enthüllen, welche Aufgaben die Sorgen des Alltags um die vielen Tausende der Ungenannten dem Gesetzgeber stellten. So sind die Urkundensammlungen des Magistrato della sanità in seinem Capitulare I und das Repertorio des Caogrosso nicht nur Schriftzeilen, altertümlich in Schrift und Styl, nicht nur wohlerwogene Formulierungen von Geboten und Verboten, sondern lebenerfüllte Dokumente. Sie geben dem Medizinhistoriker Aufschluß über das Wissen und Wollen der venezianischen Regierung, dem Volke eine lebenaufbauende, lebenerhaltende und lebenfördernde Umwelt zu sichern. Nicht weniger eindrucksvoll aber ist vielleicht ihre zugleich anziehende wie abstoßende Aussage über das Alltagsleben der Menschen in einem Zentrum der europäischen Kultur um 1500.

Daß diese inhaltvollen Urkunden in ihrer ehrwürdigen Form uns zugänglich wurden, verdanken meine Frau und ich der Förderung unserer Arbeit durch die Heidelberger Akademie der Wissenschaften, der wir zu aufrichtigen Dank verpflichtet sind.

Die Hauptquellen für diesen Bericht im Archivio di stato Venedigs, in der Bibliothek des Museo Correr und der Bibliotheca Marciana sind uns bereitwilligst erschlossen worden. Ganz besonders haben wir zu danken dem Direktor des Archivs, Conte Marozzo della Rocca und seinen Mitarbeitern und Mitarbeiterinnen für vielfache wertvolle und unentbehrliche Beratung.

Heidelberg, 1956 ERNST RODENWALDT.

1. Einleitung.

Am 7. Januar 1486 beschloß der venezianische Senat unter dem Dogat des Marco Barbaro die Errichtung eines Magistrato della sanità unter der Leitung dreier Proveditoren alla sanità. Es war der Geburtstag einer Organisation, die jahrhundertelang zu einem Vorbild für ganz Europa wurde, der „Sanità di Venezia".

Es ging um die Abwehr der Pest. In der Gründungsurkunde wird sie als einziger Beweggrund genannt, der den Senat zu dem Entschluß bestimmte, eine Behörde mit so umfangreichen Vollmachten zu errichten, wie es der Magistrato d. s. war, eine Behörde, deren Autorität nach nur geringen anfänglichen Kompetenzschwierigkeiten von allen anderen Staatsdiensten vorbehaltlos anerkannt wurde und sich dauernd verstärkte.

Mit neun Ausbrüchen hatte die Pest allein im 15. Jahrhundert die Stadt heimgesucht und in den Tagen des Beschlusses hatte eine im Vorjahr eingebrochene „micidiale" (homicidiale) Pest noch nicht aufgehört, Opfer zu fordern.

Vielumfassende, kaum abgegrenzte Befugnisse wurden den Proveditoren eingeräumt, denn der Umfang ihrer Aufgaben war unabgrenzbar. Die Furcht vor der Pest ging gepaart mit Hilflosigkeit und Ratlosigkeit. Jeder Versuch, die Ursachen ihres Eindringens zu erklären, hatte enttäuscht. Alles konnte Ursache sein, das Verkehrswesen, der Handel über See und zu Lande, die Art und Beschaffenheit der Lebensmittel, der Lebensstandard der Bevölkerung mit ihren Sitten und Unsitten. Noch wurde ernsthaft erwogen, ob nicht geheimnisvolle kosmische Einflüsse im Spiele sein könnten. Die Constellation von Saturn, Jupiter und Mars war gefahrvoll und besonders zu fürchten war, wie Galen gelehrt hatte, eine „corruptio aeris in suis qualitatibus".

Der vom Orient her drohenden Gefahr glaubte man schon seit langem erfolgreich begegnen zu können durch strenge Quarantainebestimmungen. Denn entgegen allen Theorien der damaligen, noch ganz der Autorität Galens anhängenden medizinischen Wissenschaft schien für den gesunden Menschenverstand die Vermutung noch die größte Wahrscheinlichkeit für sich zu haben, ein krankmachendes Agens, ein Contagium, hafte an den Gütern.

Schon seit der Mitte des Jahrhunderts arbeitete die Praxis der Seuchenabwehr des Staates mit der Annahme dieses „als ob". Denn welche andere Möglichkeit hätte sich überhaupt im Bereich des Denkbaren angeboten! Die Natur des angenommenen Contagiums aber und seine Übertragungsweise waren ungelöste Rätsel.

Der Einbruch der Pest von See her war zur Ausnahme geworden. Seit 1348 war sie in Europa heimisch. Bei jeder der in engeren oder weiteren Zeitabständen die Stadt heimsuchenden Ausbrüchen der Pest — es wird einmal von Zeitabständen von 7—8 Jahren gesprochen — war die Frage gestellt, wie sie Eingang habe finden können. Jedesmal blieb sie unbeantwortet. Der Möglichkeiten waren viele. Die Aufgabe war, alle überhaupt erdenklichen Ursachen für möglich zu halten, alle zu erfassen und allen vorbeugend zu begegnen.

Diese Auffassung war der Ausgangspunkt für die Beschlüsse des Senats und alle Anordnungen des Magistrato d. s. In allen Erlassen aus den ersten Jahrzehnten des Bestehens der neuen Behörde kommt sie zum Ausdruck. So gut wie immer ist sie das Motiv für oft tief in das öffentliche Leben eingreifende und von der Bevölkerung sicherlich als höchst lästig empfundene Maßnahmen und für das Bestreben, durch Androhung harter Strafen ihre lückenlose Durchführung zu erzwingen.

Wie ernst es der Regierung war, wie unerläßlich ihr erschien, der nie endenden Bedrohung eine wirksame Abwehr entgegenzusetzen zeigt deutlich der Tenor des Errichtungsbeschlusses vom 7. Januar 1485 nach venezianischen Zeitrechnung, vom 7. Januar 1486 nach dem julianischen Kalender.

Diesem Senatsbeschluß geht um sechs Tage ein Beschluß der Signoria, des Dogen und der Consiglieri, voraus vom 2. Januar 1485/86, der die Notwendigkeit der Errichtung des neuen Magistrats damit begründet, die Proveditoren „del sal", der finanzkräftigsten Behörde des Staates und Verwalter des Salzmonopols, könnten wegen ihrer vielfachen Aufgaben die Seuchenabwehr nicht mehr durchführen. Sie also waren vor 1486 mit den Problemen des Gesundheitsdienstes betraut, und es war nur eine Consequenz hiervon, daß nunmehr die Kosten des neuen Magistrats vom „Officio del sal" zu übernehmen waren.

Es wurde daher der Senat auf den 7. Januar einberufen. Alle Mitglieder sollten erscheinen und es sollte keine andere Angelegenheit behandelt werden, bevor nicht unter eidlicher Verpflichtung zuvor diese erledigt sei. Wie die Lage aufgefaßt wurde, zeigt die Stimmenabgabe mit 157 Stimmen dafür gegen nur eine Stimme bei keiner Stimmenthaltung.

Der Einrichtungsbeschluß[1] lautet in deutscher Übersetzung:

„Jedermann sieht ein, wieviel Unheil, Schaden und Verderben (incommoda, jacturas et detrimenta) diese unsere gesamte Stadt sowohl in privater wie öffentlicher Hinsicht durch die Pest zu ertragen gehabt hat, die im vorigen Jahre so grausam in ihr wütete und zur Zeit noch zu herrschen nicht aufgehört hat. Außer der Anrufung von Gottes Gnade und Barmherzigkeit muß daher auch von unserer Seite vorgesorgt werden durch geeignete Abhülfen (remedia) auf jede mögliche Weise und Weg die Herde und Nährböden (fornices et nutrimenta) aufzuheben, aus denen heraus sie fortbestehen kann. Denn nach dem, was man zur Zeit erkennen kann, besteht sicherlich kein Zweifel, daß, wenn nicht heilsam dagegen eingeschritten wird, im kommenden Jahre das Unheil noch größer sein wird."

„Und da nun sicherlich diese Aufgabe von größter Wichtigkeit und Bedeutung ist, da es hier um das öffentliche und gemeinsame Wohl geht, ist es notwendig, daß mit aller nur möglichen Vorsorge, Eifer und Fleiß gehandelt und vorgesorgt wird und zwar durch die ersten unserer Bürger." („cives". In der späteren lateinischen Abschrift steht statt dessen „Provisores", in den italienischen Texten einmal „Nobili", ein andermal „Gentilhomini").

„Deswegen wird beschlossen, daß von jetzt ab durch Abstimmung in diesem Collegium drei ernste und ehrenwerte Edelleute („Nobiles nostri", ein andermal „Nobiles majori", ein andermal „zentilhomines") für den Gesundheitsdienst (sanità) des Stadtgebietes (terra) gewählt werden sollen.

Hier, wie in der Regel auch später, wird in den Erlassen des Magistrato d.s. nicht der Ausdruck „città nostra", sondern „terra" gebraucht. Er bezieht sich nicht etwa auf den Festlandbesitz, die „terra ferma", sondern bedeutet im Gegensatz zu der politischen Bezeichnung des Staates mit „città nostra" das Gemeinwesen. So ist z. B. auch die Nachbarinsel Murano eine „terra".

„Sie können aus jeder Stelle (gemeint aus jedem anderen Amt) gewählt werden mit Ausnahme der Sitze im Collegio (dem Ver-

[1] Der Beschluß wird im Senat, „in Rogatis", gefaßt. Der lateinische Originaltext liegt vor in dem Codex: Senato J-R-9. Terra, 1483—1485, des Archivio di stato. Eine lateinische Abschrift findet sich in Bd. 17 der Abteilung „sanità" des Archivs. Eine Übersetzung in italienischer Sprache wurde unmittelbar nach der Errichtung der Behörde in das „Notatorio", das laufend geführte Tagebuch des „Officio d.s.", eingetragen. Weitere italienische Texte finden sich in dem 1541 an Stelle älterer Akten angelegten Capitulare I und in dem alle früheren Verfügungen zusammenfassenden Repertorio des Caogrosso vom Jahre 1589.

waltungsausschuß des Senats), um die Geschäfte des Gemeinwesens nicht zu beeinträchtigen. (Dieser Teil des Beschlusses wird schon während des Abstimmungsverfahrens annulliert.)

„Sie sollen volle und jedwede Freiheit, Zuständigkeit und Machtvollkommenheit (libertà, facultà, potestà) haben, im Einverständnis zu dritt Strafen zu verhängen und sie auszuführen, Ausgaben zu machen aus den Fonds unserer Salzbehörde (officio del sal) und endlich all' und jede Vorkehrung zu treffen, die sie für zweckmäßig erachten für die Erhaltung der Gesundheit. Und was auch durch die drei Genannten bestimmt, beschlossen und getan wird (terminatum, conclusum et factum), soll endgültig und bestätigt sein (firmum et ratum) nicht anders, als sei es geschehen durch dies Consilium (Senat)."

„Sie können aber immer in jeder Sache, die ihnen oder einem von ihnen richtig erscheint, zu diesem Consilium (dem Senat) kommen mit ihrer Auffassung und in dieser Materia solche Beschlüsse (partes) vorschlagen, wie sie einem jeden von ihnen richtig erscheinen würde."

Trotz der obigen Vorschrift, die Gewählten hätten einstimmig zu beschließen, eine Vorschrift, die fast immer peinlich innegehalten wurde, wird hier die Möglichkeit geschaffen, an den Senat zu appellieren, ja sogar einseitig Beschlußfassungen vorzuschlagen. Hierin liegt einerseits eine Bürgschaft für die Unabhängigkeit der Meinung der einzelnen Mitglieder, wie eine Sicherung gegen einen zu großen Einfluß des Dreimännercollegiums. Beides entsprach dem von stetem Mißtrauen getragenen Verwaltungswesen des venezianischen Staates.

Von hier an unterscheiden sich der lateinische und der italienische Text. Es folgt im lateinischen Text ein Abschnitt über „executores", der in den italienischen Texten fehlt, weil er ebenfalls bereits am Abstimmungstag wieder gestrichen wurde.

Dieser gestrichene lateinische Absatz lautet in Übersetzung: „Es sollen außerdem durch das Collegium (es folgt ein „dc̄s oribus", das ich nicht zu erläutern im Stande bin) mit Urne und Kugeln (ad bussolas et ballotas) zwei unserer Nobili gewählt werden, damit sie ausführen oder ausführen lassen, was durch die Obengenannten ihnen aufgetragen und befohlen werden wird: mit Gehalt von 30 Dukaten für jeden der beiden Executoren pro Monat „et rōs" (ratione, Teil eines Monats) unter der Bedingung, daß sie jeweils die Hälfte erheben und sie sollen dies Gehalt abheben aus den Fonds unserer Salzbehörde."

Wahrscheinlich aus Sparsamkeitsgründen wird diese Ergänzung des Dreimännermagistrats durch zwei weitere Beamte zunächst für überflüssig gehalten. Später wurden jeweils in schwierigen Zeiten, z. B. bei Seuchenausbrüchen, zwei Sopraproveditoren gewählt, von 1644 ab sogar alljährlich.

Im italienischen Text folgt dann in Übereinstimmung mit dem lateinischen Text:

„Es sollen die Vorgenannten gewählt werden für ein folgendes Jahr: während dieser Zeit können sie für irgendwelche Ämter, Dienste, Räte oder Regimina gewählt werden sowohl in der Stadt, wie außerhalb."

Gemeint ist, daß sie während ihrer Amtszeit ohne Einhaltung einer Contumazzeit für ein neues Amt gewählt werden können. Dabei bleibt es auch für den Magistrato d.s. als später die früheren Contumazbestimmungen mit größerer Consequenz hinsichtlich anderer Ämter durchgeführt werden.

„Sie können nicht weigern (die Annahme der Wahl) bei Strafe von 2000 Dukaten für jeden, außer den Strafen der letzten Beschlüsse des Großen Rates gegen Alle, die öffentliche Ämter ablehnen, zu denen sie „sub pena" gewählt wurden."

Schon früh war die Übernahme von Staatsämtern nicht jedem der Gewählten willkommen. Viele Ämter mußten ehrenamtlich geübt werden. Wurden Gehälter zuerkannt, so waren sie knapp bemessen. Oft waren hohe Aufwandskosten mit dem Amt verbunden. Schon seit dem 15. Jahrhundert fehlt es daher nicht an Beschlüssen des Großen Rates, die bei der Einrichtung neuer Ämter und für die Wahl zu diesen Ämtern mit einer Strafandrohung schließen: „sub pena".

Die drei ersten Häupter des Magistrato della sanità, die Proveditoren alla sanità, waren Domenico Morosini, Nicolo Muazzo und Antonio Grimani.

Vier Jahre nach der Errichtung der neuen Behörde wurde es nötig, eine offenbar aufgekommene Unsitte zu tilgen, daß einflußreiche Personen persönliche Beziehungen ausnutzten, um bei den Proveditoren vorstellig zu werden, sie von lästigen Maßnahmen freizustellen.

Vielleicht waren es die Proveditoren selbst, die Wert darauf legen mußten, in Hinblick auf die schwere auf ihnen ruhende Verantwortung Zumutungen von dritter Seite einen Riegel vorzuschieben, wenn dadurch die konsequente Durchführung ihrer Maßnahmen im Falle eines Seuchenausbruchs gefährdet werden konnte.

So wichtig wurde noch nach Jahrzehnten der Erlaß des Senats in lateinischer Sprache vom 23. 3. 1490 genommen, der hier Remedur schuf, daß er noch bei Neuaufstellung des Capitulare im Jahre 1541 hinter der Errichtungsurkunde eingetragen wurde. Er lautet in Übersetzung:

„Für das allgemeine Heil und Nutzen der gesamten Stadt ist es notwendig, daß die drei für den Gesundheitsdienst des Gemeinwesens (terra) eingesetzten Proveditoren ihr Amt ausüben können ohne jede Rücksichtnahme und daß daher nicht etwa durch Bitten, die an sie gerichtet werden, irgendeine Maßregel, die sie treffen müssen, verzögert werde. Daher wird beschlossen, daß in Zukunft Niemand, wer es auch sei, es wagen soll, in irgendeiner Sache den obengenannten Proveditoren oder einem von ihnen eine Bitte vorzutragen, bei Strafe von 100 Dukaten in Gold zu 124 Soldi pro Dukaten. Wenn es sich um einen Nobili handelt, soll er als Debitor in die Bücher eingetragen werden (es folgen mehrere im Pergament verwischte Worte), auch kann er nicht vorgeschlagen werden für irgendein Amt, bevor er hinreichend Genüge geleistet hat. Wenn es ein Popolane war, so soll er von der Insel Rivoalto und S. Marco verbannt werden, bis er (verwischter Textteil) Genüge geleistet hat. Alle diese Strafgelder fließen unserem Arsenal zu. Die genannten Proveditoren sind unter Eid verpflichtet, dem Serenissiomo Principe (dem Dogen) und dem Illustrissimo Dominio (der Signoria) alle jene anzuzeigen, welche ihnen mit Bitten gekommen sind.“

Angenommen mit 145 Stimmen, fünf Neinstimmen, zwei Stimmenthaltungen.

Begreiflich ist, daß seitens des Geldgebers für den neuen Magistrat, seitens des Magistrato del sal, in dessen Hand zuvor die Funktionen des Gesundheitsdienstes und auch die Oberleitung des Lazarettwesens gelegen hatten, noch mehrere Jahrzehnte lang gelegentlich Einwände gegen die Ausgaben der neuen Behörde, so besonders auch gegen die Höhe und den Auszahlungsmodus der Gehälter ihrer Angestellten, erhoben wurden, auch gerade, was die Lazarette anging. Noch 1514 bedurfte es eines energischen Befehls des Rates der X an den mit der Führung der großen Kasse des Magistrato del sal betrauten Proveditore dieser Behörde, Franzesco Barbadico, die vorgeschriebenen Zahlungen an die Angestellten des Officio d. s. zu veranlassen.

Auch an Kompetenzkonflikten mit anderen Ämtern hat es in den ersten Jahren, auch späterhin, nicht gefehlt. Am 16. 6. 1545 hatten aus einem solchen Grund die Proveditoren Anlaß, nachdem ein Gerede, eine „Narratura“, entstanden war, den Notaren ihres Officio zu verbieten, anderen Officien ohne Erlaubnis der Proveditoren Abschriften aus dem Schriftwechsel zu geben.

Fast immer aber wurde zugunsten des Magistrato d. s. entschieden. Nur, wenn es um Kompetenzdifferenzen in Fragen der Gerichtsbarkeit ging, wurde, entsprechend der ganz auf Rechtsgrundlagen begründeten Verfassung des Staates, in der Regel bestimmt, die Behandlung einer Sache müsse in den Händen der Gerichtsbehörden liegen.

Wie hoch sehr bald die Leistung des Magistrato d. s. und seiner Angestellten eingeschätzt wurde, erweist ein Beschluß des Senats vom December 1509. Das war das Jahr, in dem nach der Vernichtung des venezianischen Heeres durch die Heere der Liga von Cambrai bei Agnadello das Schicksal Venedig besiegelt zu sein schien. In der furchtbaren Notlage war eine Kürzung aller Gehälter beschlossen worden. Für die Angestellten des Magistrato d. s. aber liegt jener Beschluß vor, in dem es heißt: „jene, die in diesem Officio dienen, sind bemitleidenswerte (miserabili) Personen. Sie haben bei geringem Gehalt große Mühen und Gefahren auf sich zu nehmen." Und weiter: „da jenes Officio sich von anderen unterscheidet, ist es angemessen, ihm Anlaß zu geben, daß die Angestellten unter Hintansetzung jeder Rücksicht und Gefahr ihre Aufgabe erfüllen, unsere Stadt vor der Seuche zu bewahren." Es wurde beschlossen, die Angestellten des Officio sollten von dieser Gehaltskürzung ausgeschlossen bleiben. Die Signoria befiehlt die Ausführung dieses Beschlusses ausdrücklich den Proveditoren del sal. Wahrscheinlich allerdings hat zu diesem für die sonst so sparsame Staatsführung ungewöhnlichen Beschluß beigetragen, daß sich bereits mit Einzelfällen das erneute Nahen der Pest ankündigte. Das nächste Jahr 1510 und die folgenden Kriegsjahre wurden Pestjahre.

Die Quellen, welche uns berichten, wie die Proveditoren ihre Aufgabe angriffen und wie sich aus einer Organisation zur Bekämpfung der Pest eine vielumfassende Gesundheitsgesetzgebung entwickelte, sind die folgenden:

Unmittelbar berichtet über die tägliche Arbeit des Officio und alle Verordnungen, sie mögen für den Alltag bestimmt oder von grundsätzlicher Bedeutung gewesen sein, das Notatorio des Dienstes, flüchtig auf Papier geschrieben, zum Teil nicht leicht zu entziffern.

Erst 1541 beschließen die Proveditoren, alle bis dahin erlassenen grundsätzlichen Verfügungen in einem Capitulare zusammenzufassen, unter Fortlassung alles Überflüssigen und Überholten, einschließlich der Beschlüsse des Senats und des Rates der X, das

Officio betreffend. Dies Capitulare I [3] des Archivio di stato, dessen Inhalt dieser Schrift zugrunde liegt, ist ein Pergamentcodex in schöner Schrift, die wichtigste Quelle, bereits nach Materien geordnet. (Näheres hierüber und die folgende Quelle siehe den Anhang.)

1584 geben die Proveditoren dem Schreiber Filippo Caogrosso erneut den Auftrag, alles Bekannte über die Tätigkeit des Magistrats und seine Verordnungen in einem nach Materien geordneten Repertorio zusammenzustellen. Das Ergebnis war ebenfalls ein schöner Pergamentcodex in geprägtem Lederband, geschmückt mit den farbigen Wappen der Proveditoren. Noch gewissenhafter, wenn auch meist nur referierend, wiederholt er, was in der Vergangenheit, seit 1486, geregelt und beschlossen worden war.

Beide Codices, das Capitulare I wie das Repertorio des Caogrosso, enthalten keine Codificierung in Kapiteln und Paragraphen dessen, was durch die Erlasse des Senats, des Rates der X und der Proveditoren a. s. Gesetzeskraft erlangte. Sie sind keine Gesetzbücher im heutigen Sinne.

Zwar für die „Mariegole“, die Matrikeln der Zünfte, war eine Anordnung der Bestimmungen nach Kapiteln seit langem üblich. Jede neue Fassung gründete sich auf alte Erfahrungen und Tradition.

Der Magistrato d. s. aber hatte keine Tradition, wenn man absieht von den Erfahrungen über die seit 1348 in Europa heimisch gewordene Pest. Seine über die Pestabwehr hinausgehenden Aufgaben waren weder abgegrenzt noch übersehbar.

Noch war die Zeit unbelastet von der bureaukratischen Neigung, sich durch vorgreifende Reglementierung auf eine bestimmte Praxis des Handels festzulegen.

Die Gesundheitsgesetzgebung Venedigs war um 1550 das Ergebnis eines sinnvollen und zweckmäßigen Reagierens auf Erscheinungen des öffentlichen Lebens, die geeignet erschienen, Leben und Gesundheit der Bevölkerung zu schädigen.

Von Fall zu Fall wurde „deliberiert, statuiert, terminiert“ und jedem Erlaß die der augenblicklichen Lage am besten dienende Lösung in juristisch unanfechtbarer Formulierung gegeben.

So entstanden Sammlungen von Erlassen. Soweit die Erlasse des Magistrato d. s. darin enthalten und nicht etwa als überholt ausgeschieden sind, geben sie das Bild einer klugen Anpassung an den Wandel der Umstände und Anschauungen, sei es im Sinne von Verschärfungen oder Milderungen der ursprünglichen Fassungen. Sie geben damit ein Zeitbild von lebendiger Unmittelbarkeit.

Die nachträgliche Anordnung nach Materien, eine Forderung der Zweckmäßigkeit für die Handhabung der Bestimmungen, tut dem keinen Eintrag.

Als eine nicht weniger wichtige Quelle als diese beiden Codices stehen für die Lebensmittelgesetzgebung die „Mariegole", die Matrikeln oder Capitulare der Zünfte, zur Verfügung, die sich mit dem Lebensmittelhandel befaßten. Eine Reihe von ihnen ist in Pergamentcodices erhalten, meist kaligraphische Kunstwerke mit wundervollen Miniaturen. Zum Teil reichen sie bis in das 14. Jahrhundert zurück.

Die Mariegole sind eine nicht weniger authentische Quelle, um die Gesetzgebung in ihrem Werden zu erfassen, als das Capitulare I und das Repertorio des Caogrosso. Denn, was an Verfügungen in ihnen steht, war ebenso Gesetz wie die Verfügungen der Proveditoren. Oft genug nehmen diese in ihren eigenen Erlassen auf sie Bezug.

Venedig hatte eine freie Entwicklung der Zünfte niemals zugelassen. Von ihrer Entstehung an, schon seit dem 13. Jahrhundert standen sie unter der Aufsicht der „Justicia vecchia", einer von Adelspersonen geleiteten Behörde. Sie erließ und ihrer Bestätigung unterlagen alle Bestimmungen der Mariegole, soweit nicht grundsätzliche Entscheidungen dem Rat der X überlassen bleiben mußten.

Alle Gewerbeprocesse, alle Kompetenzstreitigkeiten zwischen den Mitgliedern einer Zunft, mit ihren Beamten oder mit anderen Zünften, gelegentlich auch Eingaben der Zünfte gegen Entscheidungen anderer Behörden wurden bei ihr anhängig gemacht. Alle Strafen wurden von ihr verhängt. Ein Drittel der Einnahmen floß ihr zu.

Bei aller Unabhängigkeit in der Wahl ihrer Vorsteher und Beamten und bei aller gerade auch von der Justicia vecchia unterstützten Autorität ihrer Gastalden (Vicedomini) und deren Compagni, waren diese de facto nichts anderes als Funktionäre der Justicia vecchia, nur daß nicht die Regierung, sondern die Zunft sie besoldete. Darüber konnte auch das rege Klubleben der Zünfte in ihren oft reich ausgestatteten „scuole", das eifersüchtig gewahrte Recht und der Stolz auf die Zugehörigkeit und die damit verbundene gesellschaftliche Reputation, auch die prachtvolle Ausstattung ihrer Mariegole wohl hinwegtäuschen, aber nichts daran ändern. Es scheint aber, daß den Menschen dieses von einer gerechten und wohlwollenden Regierung geführten Volkes dieser schöne Schein einer Selbständigkeit den Verzicht auf politische Rechte garnicht fühlbar erscheinen ließ.

Schon garnicht hatte es Venedig zur Errichtung einer Fleischhauerzunft kommen lassen. Den klugen Lenkern des Staates war bewußt, welche Gefahr freie Zünfte für ein Patriciat werden konnten, am ersten eine Zunft, deren Handwerkszeug eine Waffe war, das Beil. Das Schlachthauswesen wurde zu einer von Adeligen, von Signori, geleiteten Behörde mit angestelltem Personal.

Einmal, im Jahre 1355, war die Adelsherrschaft in großer Gefahr gewesen, als Marino Falier die Marangoni, die Arbeiterschaft des Arsenals, zum Werkzeug seines Umsturzplans hatte machen wollen. Vor dergleichen wollte man sicher sein.

Schwerer aber als das Versagen politischer Rechte lag als Gewicht in der Wagschale das hohe Ethos einer verantwortungsbewußten Regierung. Im Bereich der Wirtschaft übte der Staat nach Grundsätzen, die schon in den ältesten Dokumenten erkennbar sind, die moralische Pflicht, stets die Belange der Bevölkerung zu wahren durch die Überwachung des Lebensmittelhandels, sie zu bewahren vor Betrug und vor der Möglichkeit der Gesundheitsschädigung. Er nahm dem Volke die Sorge ab für sein leibliches Wohl, einem Volk, das der Staat in zunehmendem Maße ausschloß von politischer Betätigung, aus der Überzeugung heraus, es fehle ihm an der geistigen Fähigkeit und den Voraussetzungen, ohne eine solche Vormundschaft zu leben.

Die Geschichte von Venedig hat gezeigt, daß diese Auffassung bis zum Sturz der Republik von dem Staatsvolk niemals angefochten worden ist, das vertrauen konnte auf die Fürsorge der Regierung auch für den Ärmsten und auf die unbeirrbare Gerechtigkeit seiner Richter. Venedig hat niemals Volksbewegungen revolutionärer Art erlebt, wie sie keinem anderen Volke Europas im Ablauf der Jahrhunderte erspart geblieben sind.

Auch die Gesundheitsgesetzgebung, wie sie sich uns aus den Quellen erschließt, war ein Ausdruck dieser Staatsgesinnung. Gewiß war die Vorbeugung und Abwehr der Gefahr eines „pestifero morbo" — fast in allen Erlassen kehrt dies Wort wieder — zu allererst eine Forderung des Staates als Ganzen, der „città nostra" und des Gemeinwesens, der „terra". Aber das „wie" aller Maßnahmen und Erlasse der Proveditoren bezeugt eine seit Jahrhunderten unbeirrt und unabgeändert festgehaltene Auffassung von den Pflichten eines Herrschers.

Die immer wieder in den Erlassen erscheinende Formel „ciascuno di che condition esser si voglia", wer es auch und welchen Standes er sei, bedeutete die Gleichheit aller Bürger vor dem Gesetz, ebenso die Gleichheit der Pflichten, die auch dem Adel keine Ausnahme zubilligte. Nur wenn auch dem Ärmsten und Jämmerlichsten sein Recht geworden war, das, was ihm nach Gesetz und Ordnung zukam, war die Illustrissima Signoria „entschuldigt". Geschah ihm Unrecht, so traf den Schuldigen schwere Strafe.

2. „Delli Lazaretti et Priori di essi et ordeni che hanno a tenir nelle dicti lochi in tempo di morbo."

(Von den Lazaretten und ihren Prioren sowie der Hausordnung, die diese an den genannten Orten aufrecht zu halten haben in Zeiten der „Krankheit".)

Wie die Pest der wesentlichste Beweggrund für die Errichtung des Magistrato d. s. gewesen war, so nimmt auch im Capitulare I des Dienstes unmittelbar hinter grundsätzlichen Verwaltungsbestimmungen der Abschnitt den ersten Platz ein, der die wichtigsten hygienischen Staatseinrichtungen behandelt, die Lazarette. Von ihrer bis ins Einzelste erwogenen Organisation erhoffte der Staat eine erfolgreiche Abwehr und Einengung jeder Epidemie des „morbo".

Das Lazaretto vecchio war als Seuchenkrankenhaus 1423 errichtet worden, das Lazaretto nuovo als Quarantäne- und Entseuchungsstation im Jahre 1468. (Siehe: Pest in Venedig 1475/77 [20].)

Unzweifelhaft werden Dienstanweisungen für die Lazarette schon bestanden haben, als diese noch unter der Aufsicht des Magistrato del sal standen und die Prioren von dieser Behörde ernannt wurden. Akten darüber haben sich im Archivio di stato nicht erhalten. Unmittelbar nach Errichtung des Mag. d. s. wurden die noch vom Mag. del sal ernannten Prioren von den Proveditoren a. s. in ihrem Amt bestätigt.

Dem folgte auf dem Fuße eine umfangreiche Dienstanweisung für die Prioren, aus der, abgesehen von allen sachlichen Anordnungen, eines deutlich wird, daß es galt, in den Lazaretten einen Augiasstall an Mißständen und Corruption auszumisten.

Ganz ist den Leitern des Gesundheitsdienstes wohl nie gelungen, diese herakleische Aufgabe zu erfüllen. Alle Erlasse der folgenden 40 bis 50 Jahre und die große zusammenfassende Niederschrift im Text des Capitulare I wiederholen fast wörtlich, teilweise mit Verschärfungen und unter Einschaltung neuer sichernder Kontrollbestimmungen die Anordnungen jener ersten Dienstanweisung, zugleich unter Erörterung aller Möglichkeiten ihrer Umgehung und des Zuwiderhandelns mit allen darauf stehenden, harten Strafen.

Die neue Behörde befand sich in einer nicht beneidenswerten Lage. Die Lazarette lagen für jene Zeit weit ab von der Stadt. In der Hand der Prioren lag die gesamte Verwaltung, das gesamte Rechnungswesen, die Aufsicht und Fürsorge für das Personal und die Kranken, eine Vertrauensstellung mit einem Übermaß von Verantwortung.

Aber gerade diese weitumfassende Vollmacht bot, selbst bei angemessenem Gehalt — und in Gehaltszahlungen war der Staat nie sehr royal — eine Fülle von Möglichkeiten, sich zu bereichern durch Umgehung der Bestimmungen und betrügerische Rechnungsführung, auch durch schamlose Ausnutzung der Not der Kranken, allein oder unter Hinzuziehung von Komplicen aus dem Kreise der Angestellten, der „famiglia", oder zeitweise im Lazarett tätiger Funktionäre, von Ärzten oder Kapellanen. Wie schwer es für die Behörde war, solche Betrugsaffairen überhaupt aufzuklären, zeigt ein Erlaß des Senats vom 2. 6. 1504, durch den den Prov. a. s. das Recht zur Anwendung der Tortur zugestanden wurde. Anlaß war ein Prozeß gegen eine Priora des Lazaretto vecchio wegen „mancamenti commessi in danno et non mediocre jactura de quell'loco", wegen Unterlassungen, begangen zum Unheil und nicht geringem Schaden jener Einrichtung.

Von jenem ersten Erlaß der Prov. a. s. über die Prioren der Lazarette vom 26. 4. 1486, einem schwer leserlichen Aktenstück auf Pergament, über dessen Inhalt jedoch keine Zweifel bestehen, bis zu dem genannten Abschnitt des Capitulare I von 1541 haben diese Bestimmungen in mehreren Zwischenerlassen, so am 24. 9. 1506 und am 26. 8. 1513 allerhand nicht allzu wesentliche Abänderungen erfahren, aber von einer Abschwächung ihres Ernstes und der Härte der Strafbestimmungen ist keine Rede.

Die ursprüngliche Verdoppelung der Gehälter des Priors und der Angestellten für Zeiten der Pest wurde wieder rückgängig gemacht, unter nur geringer Erhöhung des Grundgehalts des Priors von 100 auf 120 Dukaten im Jahre. Inzwischen war nämlich beobachtet worden, daß es dem Prior und den Angestellten durchaus erwünscht war, eben wegen dieser Verdoppelung, wenn die Pest recht lange anhielt oder wenigstens der Pestverdacht möglichst lange weiterbestand. Mit falschen Angaben über Beobachtungen an eingelieferten Kranken war das zu machen.

Denn in Pestzeiten war die Diagnosenstellung im Hause des Kranken in der Stadt wenig gesichert. Von der Tür oder vom Fenster her, wie es oft genug geschah, konnte auch der pesterfahrenste Arzt keine einigermaßen sichere Diagnose stellen. Für die Angehörigen aber in ihrer Todesangst vor der Ansteckung, aber auch für die Behörde war die Losung, auch wenn es nur um einen Verdacht des „morbo" ging, den Kranken möglichst unverzüglich dem Lazarett zu überweisen.

Um eine Fehldiagnose im Lazarett, wie sie dem genannten Wunsch entsprochen hätte, auszuschließen, war ein kompliciertes Verfahren erdacht worden.

Bei Einlieferung irgendeines Kranken hatte der Prior ihn durch den Arzt und mehrere andere Personen untersuchen zu lassen. Diese sollten, einer vom andern streng getrennt, den Kranken daraufhin betrachten, ob an seinem Körper die allen bekannten Zeichen der Pest zu finden seien, Drüsenschwellungen, Karbunkel oder Flecken, an welchen Körperstellen sie lägen und ob nur an einer Stelle oder an mehreren, also die Symptome des vielgestaltigen Krankheitsbildes, unter dem die Pest damals in Europa auftrat [20]. Über seine Beobachtung sollte jeder Einzelne eine Niederschrift machen, über die sie aber einander keine Mitteilung machen durften, „damit" heißt es „man (die Behörde) die Wahrheit feststellen kann". Unter keinen Umständen genüge eine Mitteilung an das Officio, alle hätten das gleiche gesagt und seien einer Meinung, es sei der „morbo" oder nicht.

Schon diese erste Bestimmung, so durchdacht sie erscheint, zeigt, wie auch viele folgenden Bestimmungen, daß an eine Befolgung in Zeiten, wo die Seuche auf dem Höhepunkt war, nicht zu denken gewesen wäre. Ganz aber war sie doch nicht nur eine Bestimmung vom grünen Tisch, denn für die Einzelfälle, mit denen eine Epidemie begann und mit denen sie ausging, konnte hiermit wohl ein Bild vom Stand der Dinge gewonnen werden.

In Zeiten normaler Gesundheitsverhältnisse war die Stellung des Priors eine nicht unerfreuliche Sinekure. In späteren Zeiten, als die Pest nur noch in langen Zwischenzeiten auftrat, war die selbst von den Nobili begehrt. Dieses behagliche Amt aber wurde zur

Hölle, wenn sich aus Einzelfällen eine schwere Epidemie entwickelte, wie das seit der großen Pest von 1348 in Abständen von sieben bis acht Jahren geschah, so zuletzt 1486 und dann, von kleineren Ausbrüchen abgesehen, in erheblichem Umfang 1510 bis 1512, dann wieder gegen Ende der zwanziger Jahre, um die Mitte des Jahrhunderts und schließlich mit einem furchtbaren Ausbruch von 1575 bis 1577 [20].

Es war nötig gewesen, dem begreiflichen Wunsch eines Priors vorzubeugen, in solchem Augenblick plötzlich amtsmüde zu sein. Die Verfügung, die hier einen Riegel vorschob, lautet: „Der Prior des Lazaretto vecchio bekommt an Gehalt 120 Dukaten pro Jahr sowohl in Zeiten von Gesundheit wie in Zeiten von Pest. Er ist verpflichtet, zu der einen wie der anderen Zeit zu dienen unter Strafe, das Gehalt von zwei Jahren zu verlieren und für zehn Jahre aus der Stadt und dem Dogat verbannt zu werden."

Der Prior war Leiter, Verwalter, Zahlmeister des Lazaretts in einer Person. Er und die Angestellten erhielten ihr Gehalt vom Officio d. s., das jeweils in Pestzeiten die Gehälter für zusätzliches Personal, u. a. für die dann anzustellenden Ärzte festsetzte. Für sich persönlich erhielt er Verpflegungsgeld („spese di bocca") und dazu 14 Dukaten Verpflegungsgeld pro Jahr und Kopf für jeden Angestellten. Diese Verpflegungsgelder und ebenso die Verpflegungsgelder für die Kranken standen ihm zu in der Form eines Kredits beim Officio. Diesen Kredit durfte er aber nur für bestimmte Ausgaben in Anspruch nehmen, für Brot, Wein, Fleisch, Öl und Holz für das Lazarett. Jede andere Anweisung auf diesen Kredit, die er ausstellte, war wertlos und ungültig, eine Vorsorgsmaßregel, um jederzeit Teile seines Kontos sperren oder beschlagnahmen zu können.

Daß die Angestellten dafür sorgten, wie sie zu ihrem Recht kamen, kann als sicher angenommen werden. Anders die Kranken. Dem Prior standen feste Beträge zu für die Insassen, Kranke oder Internierte, und für diese wiederum „spese di bocca", zehn Soldi pro Kopf und Tag für die ersten sechs Tage, von da ab acht Soldi pro Tag. Für Säuglinge unter zwei Jahren wurden entsprechende Abzüge gemacht.

Die Verpflegung selbst und die Zahl der Verpflegungstage, beides der Kontrolle durch die Kranken entzogen, das waren höchst geeignete Objekte für unsaubere Machenschaften.

Drei Möglichkeiten bestanden, denen das Officio vorzubeugen hatte, die eine, die Verpflegungstage durch Verzögerung der Anzeige des Todesdatums und durch Anrechnung der Aufnahme- und Entlassungstage zu vermehren. Das sollte verhindert werden durch die Anordnung täglicher Meldung des Bestandes, der Zu- und Abgänge, wenn nicht am gleichen Tage, dann am nächsten, damit sich erkennen lasse, wieviel die Illustrissima Signoria zu leisten habe. Zunächst stand eine Strafe von 75 Lire auf die Unterlassung einer sofortigen Todesmeldung.

Außerdem wurde eine monatliche Abrechnung über die Spesen gefordert. Schon eine Verzögerung um nur drei Tage wurde mit dem Verlust eines Monatsgehalts geahndet. Diese Konten wurden mit peinlichster Genauigkeit — offenbar an Hand der Tagesmeldungen — überprüft. Auf falsche Angaben stand eine Strafe in Höhe der Summe, die dem unrichtigen Absatz in der Abrechnung entsprach. Dem Schreiber des Officio, der zweifelhafte oder falsche Angaben entdeckte, winkte eine Belohnung in Höhe eines Drittels der Strafsumme.

Außerdem stand auf jede falsche Angabe über die Zahl der Verpflegungstage eine Strafe von 200 Dukaten und Verlust des ganzen Gehaltes, wovon einem Denuncianten 25 Dukaten zufallen sollten.

Bei dieser strengen Überwachung schien eine zweite Möglichkeit erfolgversprechender und bei der Lage der Kranken weniger leicht zu kontrollieren, nämlich ihnen die zustehende Verpflegung vorzuenthalten. Diese sollte je nach Bedürfnis aus Kalbfleisch, Ziegenfleisch und Huhn bestehen, dazu frische Eier, selbstverständlich Wein und in Sonderfällen, die vom Officio genehmigt werden mußten, Leckereien. Außerdem stand ihnen Beleuchtung und Feuerung zu.

Auch um diese Möglichkeit aber wußte das Officio und hatte eine Auskunft gefunden. Durch den Notar des Officio mußte ein besonderes Buch geführt werden, in dem allmonatlich das Ergebnis der Befragung und Examinierung von vier bis sechs oder mehr Zeugen aus den Kranken des Lazaretts durch Beamte des Officio einzutragen war, ob sie in Bezug auf die allgemeine Behandlung, besonders aber in Hinblick auf die Verpflegung nach den Bestimmungen versorgt worden seien, damit, wenn der Prior seine Pflicht nicht getan habe, die Illustrissima Signoria „entschuldigt" sei und der Schuldige nach Verdienst bestraft würde. Dadurch sollte, heißt es, dem Prior Anlaß gegeben werden, seine Pflicht zu tun. Täte er sie nicht, so würde sein Konto gemäß seinem Betragen gekürzt werden. Auch bekäme man auf diese Weise eine gute Einsicht in sein Verhalten und seine Spesen überhaupt.

Alles wurde überboten durch die dritte Möglichkeit, die Verpflegungstage zu vermehren. Es mußte verboten werden, „non tegnir le loro piagge aperte, essendo guariti", bei praktisch geheilten Personen künstlich ihre Wunden offen zu halten. Strafe: 100 Dukaten und Verlust des ganzen Gehalts, dem Denuncianten davon 25 Dukaten.

Unvermeidlich war, daß im Lazarett die Möglichkeit gegeben sein mußte, Testamente zu errichten. Damit war eine nicht genug auszunutzende Chance gegeben, die Not und Angst der Kranken und Sterbenden in der schamlosesten Weise auszubeuten.

Die Behörde aber wußte das und handelte demgemäß.

Als ein Beispiel der amtlichen Formen, deren sich die Behörde bei ihrem Bemühen bediente, der Corruption zu steuern und im Sinne des Gerechtigkeitsprincip der Signoria zu verfahren, sei einer dieser Erlasse hier im Wortlaut gegeben.

In dem großen Erlaß vom 26. 8. 1513 heißt es im Capitulare I:

„Es hat sich ein übler Mißbrauch eingeschlichen, daß Kapellane, Ärzte und andere Angestellte des alten wie des neuen Lazaretts in Pestzeiten unter verschiedenen Vorwänden, der eine, um Messe zu lesen, der andere, um bei Gott für eine Seele zu beten oder sonst etwas, sich etwas vererben lassen auf dem Wege eines Testaments oder auf andere Weise von denen, die ihnen zufällig unter die Hände kommen, zum Schaden oder Nachteil derer, die rechtens erben müßten, oftmals wahrscheinlich gegen den Willen der Verstorbenen, auch wenn es so scheint, als sei es ihr Wille. Dem wollen die Magnificenten Signoren Proveditoren steuern aus der Verpflichtung ihres Amtes heraus und diese unziemlichen Dinge verhindern. Sie haben daher festgestellt, beschlossen und bestimmt und bestimmen also, beschließen und stellen fest, daß künftighin kein Kapellan, Arzt oder ein anderer Angestellter unter keinerlei Vorwand, nicht auf Testamentswege noch auf andere Weise, sich irgendeine Geldsumme oder andere Güter irgendwelcher Art von Jemandem hinterlassen oder ausfolgen lassen darf, der nach den genannten Lazaretten geschickt worden ist, auch nicht an andere auf seinen Namen hin aus keiner Überlegung und keinem Grunde heraus, weder freiwillig noch anders. Sollte Jemand sein, der gegen diese Verordnung und diesen Beschluß Anspruch auf eine Hinterlassung machen sollte, so soll er sie nicht erhalten und das Legat wird nicht stattfinden, außerdem verliert er sein ganzes Gehalt, das ihm zusteht und verfällt unter alle Strafen, die festgesetzt werden durch ihre Magnificenzen oder ihre Nachfolger nach dem Gutbefinden der Excellenzen. Damit aber keiner der Vorgenannten sich mit Unwissenheit entschuldigen kann, sei dieser Beschluß oder Kapitel an die Lazarette geschickt an die Prioren, damit sie unter eidlicher Verpflichtung und bei Strafe sofortiger Amtentlassung, wenn Sterbefälle vorkommen, diesen Beschluß auf einer Tafel und an einem Ort so anschlagen, daß alle ihn lesen können und es allen Angestellten, wie allen anderen bekannt und deutlich ist.

Es kommt oftmals vor, daß Personen, die sich in den Lazaretten, sowohl dem alten wie dem neuen, als Kranke befinden, ihr Testament machen und ihre Sachen ordnen wollen. Und da sie keinen Notar haben, sind es die Kapellane, die die Testamente aufstellen auf losen Papierblättern oder in Büchelchen, die sie im Besitz haben und, wenn sie weggehen, mitnehmen, so daß sie die Möglichkeit haben, sie zu verstecken oder nach ihrem Gutdünken zu verändern entgegen dem Geist und der Meinung der Verstorbenen und zum Schaden der Bedachten.

Die Magnificenzen, Herr Zuanne Marcello, Herr Hieronymus Nani, und Herr Polo Trevisan, Hochwürdige Proveditoren a. s. wünschen diesem Mißstand vorzubeugen und haben beschlossen und festgesetzt, daß zwei Bücher angelegt werden sollen, um solche Testamente einzutragen, von denen eines dem Prior des alten Lazaretts, das andere dem Prior des neuen übergeben werden soll, damit sie es dauernd zu Hand haben und damit jeweils, wenn jemand ein Testament machen will, dies dem Prior gemeldet werde, der verpflichtet sein soll, bei der Abfassung des Testaments anwesend zu sein mit vier oder sechs Zeugen, die nach seiner Meinung die Geeigneten sind. Der Kapellan muß mit eigener Hand dies Testament genauestens nach dem Willen des Testators in dies Buch eintragen und die Zeugen mit Namen und Vornamen nennen. Jeder von diesen, der etwa schreiben kann, soll mit eigener Hand unterzeichnen zur größeren Beleuchtung der Wahrheit. Nachdem das Testament so niedergeschrieben ist, wie oben gesagt, kommt das Buch wieder in die Hand des Priors zurück und bleibt für immer in seiner Hand zum Gedächtnis der Späteren."

„Es wird weiter angeordnet, daß die Testamente allmonatlich in Kopie auf einem Schriftstück vom Notar des Officio mit unterzeichnet werden sollen bei Strafe, wie in Kapitel 35 angegeben."

„Außerdem befehlen die Proveditoren aus der Autorität ihres Officio betreffs der genannten Prioren und ihrer Nachfolger, daß die Prioren bei Strafe diejenigen ihrer Kapellane zu beaufsichtigen haben, die jenen Beschluß nicht befolgen, und erwägen sollen, den Betreffenden als Kapellan des Lazaretts für immer zu entlassen und 50 Dukaten bezahlen zu lassen."

„Wenn die Prioren ihre Zustimmung dazu geben, daß ein Testament ohne ihre Anwesenheit gemacht wird und sich nicht an die Bestimmung betreffs des Buches halten, verfallen sie jedes Mal unter eine Strafe von 500 Dukaten. Jedes Testament, welches künftighin entgegen diesem Beschluß in einem Lazarett aufgesetzt wird, ist wertlos, wobei sich versteht, daß keiner der Prioren oder ein anderer Angestellter des Lazarettes Testamentsvollstrecker oder Begünstigter des Testator in irgendeiner Weise sein kann, gemäß den Bestimmungen des Officio in dieser Angelegenheit. So soll es ganz und gar beobachtet werden, abgesehen davon, daß die Kapellane eine Bezahlung für die Abfassung des Testament erhalten, wie es ehrenhaft und anständig ist. Diese Bezahlung soll anerkannt und angewiesen werden durch die Mag. Sign. Prov. a. s., die jeweils im Officio amtieren."

Alle diese Bestimmungen, in denen für jede Handlung mit financiellem Untergrund die Zusammenwirkung mehrerer Personen gefordert wurde, werden oft genug die Auswirkung gehabt haben, daß der Prior sich mit Komplicen zusammentat. Ein solches Verfahren empfahl sich ohnehin, um die Wahrscheinlichkeit von Denunciationen auszuschließen.

Es mußten aber nicht gerade Testamente sein. Es gab noch andere Wege erfolgreicher Erbschleicherei: Ehekontrakte, geschlossen am Sterbelager, Verbriefung von Mitgiften, Verkäufe, sonstige Übereignung von Gütern. Obwohl solche Rechtgeschäfte sicherlich in Einzelfällen als unaufschiebbar anzusehen waren, blieb der Behörde nichts anderes übrig als ein Befehl an die Prioren, sie hätten die Insassen der Lazarette darüber aufzuklären, alle solche Kontrakte und Abmachungen seien Null und nichtig, als seien sie niemals abgeschlossen.

Das gleiche galt für Geschenke von Kranken an Angestellte des Lazaretts oder wenn Angestellte für Kranke Verkäufe ihres Eigentums vermittelt hatten. Natürlich war auch den Angestellten die Aneignung und Verteilung von Gegenständen der Hinterlassenschaft von Toten verboten, soweit dem nicht ohnehin durch die Inventarisierungsbestimmungen vorgebeugt war.

Denn mit der Wahrung des Rechts der Kranken auf ihr Privateigentum nahm es die Behörde sehr ernst, umsomehr, als gerade hier die Verleitung zu ungerechtem Erwerb besonders groß war. Viele Kranke werden von ihrer Habe mitgebracht haben, was sie an Geld, Silber und Schmuck im Haus hatten. Was in den gesperrten Häusern sich abspielen konnte, wenn die Eigentümer fort waren, dafür genügt, zu erwähnen, daß Todesstrafe darauf stand, wenn jemand „seine Hände" in ein sequestriertes Haus „steckte". Zudem wirtschaften darin „sboratori", Reiniger, und den Barkenführern und anderen Angestellten mußte bei strengster Strafe verboten werden, darin zu essen, zu trinken und zu spielen. Und dabei wird es nicht geblieben sein.

Hätte nicht das erfahrene Officio d. s. für die Lazarette alle denkbaren Sicherheiten eingeschaltet, die Kranken wären aus dem Regen in die Traufe gekommen. Es entsprach aber dem ernsten Willen der Proveditoren, daß ihnen bei der Entlassung oder ihren Erben alles ordnungsmäßig zurückerstattet werde.

Die Kontrolle hatte schon in den Booten zu beginnen, die mit den Kranken beim Lazarett anlegten. Kein Kranker dürfte ausgeladen werden, ohne daß sofort durch einen Angestellten in Gegenwart des Arztes, des Kapellans und von vier vom Prior dafür angewiesenen Personen ein genaues Inventar seiner Habe aufgenommen wurde. Dabei war die Barke genau zu untersuchen, damit darin nichts versteckt zurückbliebe. In Pestzeiten sammelte sich in dem gefahrvollen Beruf der Barkenführer das übelste Gesindel an.

Unmittelbar darnach mußten Arzt, Kapellan und Zeugen gegenwärtig sein bei der Schätzung der Sachen und feststellen, was gemäß den Bestimmungen zu verbrennen sei, wie z.B. mit Eiter verschmutzte Kleider und Matrazen.

Mit peinlichster Genauigkeit waren die Inventare zu führen über Geld, Silber, Gold und Juwelen oder ähnliche bewegliche Gegenstände, auch solche von geringerem Wert. Alles war sofort zu notieren und eine Abschrift dem Officio einzureichen. Besitz solcher Art von Verstorbenen war sofort dem Officio zu überweisen, damit er den Erben oder anderen, die berechtigte Ansprüche erheben konnten, ausgefolgt werden konnte. Meldete sich kein Erbe, so verfügten darüber die Proveditoren zugunsten der Lazarette.

Eine gute Gelegenheit, die Redlichkeit des Personals zu kontrollieren boten die Fälle, daß ein im Lazaretto nuovo Erkrankter dem Lazaretto vecchio überwiesen wurde, wie es die Vorschrift war.

Allen Armen, die als Kranke eingeliefert wurden, mußte der Prior sofort die Möglichkeit geben, zu beichten und zu kommunicieren.

Kein Kranker durfte zu irgendeiner Arbeit herangezogen werden. Ruhe und Erholung waren sein Recht.

Delirirende Kranke sollten in niedrigen Kellern untergebracht werden, darüber Matrazen. Gebunden durften sie nur werden mit Bändern, nicht mit Stricken und nicht an eine Säule. Tag und Nacht sollten sie vom Prior oder der Priora beobachtet werden, damit sie sich nicht verletzten.

Niemand von den Angestellten sollte sich unterstehen, einen kranken Armen zu schlagen.

Selbst den Toten wurde ihr Recht. Sie durften ihrer Hemden nicht entkleidet werden und bei Strafe von 100 Dukaten war verboten, ihnen die Haare abzuschneiden.

Ohne Kleinlichkeit wurde dem Prior in Pestzeiten alles bewilligt, wessen er bedurfte, um den Haushalt des Lazaretts ordnungsmäßig zu führen, soviel Angestellte und Ärzte, Kapellane und Barkenführer, wie er für nötig hielt, dazu eine Köchin und ein Bäcker.

Er sollte verheiratet sein und die Priora war nicht nur betraut mit dem Haushalt für die gesamte „famiglia", sondern war auch gehalten, wie der Prior selbst, dreimal am Tage die Kranken zu besuchen. Das Gleiche wurde von dem Arzt verlangt.

War der Prior unverheiratet, so mußte er im Haus „una bonna donna" haben, die im Stande wäre, den Haushalt zu leiten: „che governi ditta famiglia".

Übrigens aber wurde strengste Trennung der Geschlechter durchgeführt, um jede Unordnung zu vermeiden in Hinblick auf die Ehrenhaftigkeit. Das Verhalten im Lazarett solle sein, wie in einem Kloster. Unziemliches Verhalten der Barkenführer gegen Mädchen sollte unmöglich gemacht werden durch das Verbot, die ihnen zugewiesenen Räume zu verlassen und überhaupt mit den Kranken zusammenzukommen.

Auch wenn nicht die Ausbildung eines Denunciationssystems an sich schon eine vom Staat hochbewertete Methode der Rechtspflege Venedigs gewesen wäre, muß zweifelhaft sein, ob bei den sittlichen Auffassungen der Durchschnittmenschen jener Zeit, denen Dienstleistungen übertragen waren und bei den verleitenden Möglichkeiten, die ihnen die besonderen Umstände der Lazarette in solchen Zeiten boten, überhaupt andere Verfahren denkbar gewesen wären, die Mißstände und Betrügereien aufzudecken, als sich einer anderen Variante unsittlichen Handelns zu bedienen, eben der Denunciation.

3. Lebensmittel.

Von den Aufgaben einer vorbeugenden Gesundheitspflege, die von der neuen Behörde unverweilt angegriffen wurden, folgen die Erlasse über die Lebensmittelkontrolle unmittelbar den Beschlüssen über die Lazarette. Schon wenige Wochen nach Errichtung des Officio erteilen die Proveditoren der Behörde für das Schlachtwesen, den „Signori delle beccharie" sehr bestimmte Anweisungen, die widerspruchslos angenommen wurden.

Bei ihrer gesetzgeberischen Tätigkeit lassen die in den folgenden Jahren in rascher Folge erlassenen und öffentlich proclamierten Verordnungen selten das Grundmotiv vermissen, das zur Schaffung des neuen Magistrats den Anlaß gegeben hatte. Von zahlreichen Lebensmitteln wird, falls sie nicht in einwandfreiem Zustand auf den Markt kommen, befürchtet, sie könnten zum Ausgangspunkt des „morbo", der Pest, werden, mit anderen Worten, Träger des vermuteten und rätselhaften Contagiums sein.

Diese Gesetzgebung war kein Novum. Die Proveditoren fanden bei der Übernahme ihres Amtes eine über dreihundertjährige Tradition vor. Sie beginnt mit dem Lebensmittelgesetz, dem „calmiere" des Dogen Sebastiano Ziani vom Jahre 1178.

Zahl, Maß und Gewicht als unerläßliche Elemente jedes Warenaustauschs festzulegen, war von jeher die Aufgabe weitblickender Staatsmänner gewesen. Nicht immer ist ihren Maßnahmen Erfolg beschieden gewesen. Das uns an den Cellawänden des Apollotempels von Stratonikeia (Eskihissar) in Kleinasien erhaltene Preisedikt Diokletians „de pretiis rerum vernalium" vom Jahre 301 hat trotz oder vielleicht gerade wegen seiner drakonischen Strafandrohung wenig Auswirkungen gehabt. Der Solidus, ursprünglich eine Goldmünze der römischen Spätzeit, ist als solcher nicht beständig gewesen. Sein Name hat sich in gänzlich veränderten Währungen als niedrigste Münzeinheit bis in unsere Tage erhalten.

In wieweit römische Bewertung von Waren, Massen und Gewichten sich seit der Entstehung des venezianischen Staatswesens aus der Tradition der römischen Mutterstädte des Festlandes in Venedig vererbt haben — daß es der Fall gewesen sein muß, ist nicht zu bezweifeln — ist uns nicht bekannt. Daß aber der Staat einer erneuten Festlegung der wohl seit langem schon unsicher gewordenen Wertsetzungen dringend bedurfte, dafür zeugt jenes Edikt des Dogen Sebastiani Ziani.

Sebastiano Ziani war nicht nur der große Außenpolitiker, dem Friedrich Barbarossa und Alexander III. den Frieden von 1178 verdankten, er war auch ein fürsorglicher und gütiger Lenker seines Staates. Sein Edikt vom November 1178 „de edulis vendendis et de ponderibus et mesuris" ist die erste Verordnung über den Lebensmittelhandel Venedigs, die uns erhalten ist. (Arch. General. di Venezia. Ducali. Busta Nr. 6.)

Diesem „Calmiere" über das Getreide, das Fleisch, über den Fisch und über andere Lebensmittel werden sicherlich frühere Preisfestsetzungen vorausgegangen sein. Er enthält noch keine Bestimmungen über den Verkauf von Wein, wahrscheinlich, weil dieses im Überfluß vorhandene, für Venedig selbstverständliche Handelsprodukt einer Regelung nicht bedurfte.

Eindrucksvoller als die späterhin notwendigen, vielfachen Abänderungen unterworfenen Einzelbestimmungen des Edikts, jedoch für die folgenden Jahrhunderte seitens der Staatsführung und ihrer Organe als verbindlich angesehen, ist die dem Edikt zu Grunde liegende Staatgesinnung väterlicher Fürsorge und Gerechtigkeit.

Jeder Möglichkeit eines Wuchers und einer Monopolisierung von Waren war und wurde nach diesem Vorbild auch später vorgebeugt durch Verbote des Aufkaufs und Einschlagens (incanevar) von Ware über den unmittelbaren Geschäftsbedarf des betreffenden Händlers, der die Ware nach Gewicht und restlos zu verkaufen hatte. Für den Getreidehandel als das Herzstück der Lebensmittelversorgung und für den Ölverkauf war eine Kontrolle der Befolgung dieser Bestimmungen schon durch die Errichtung der Getreidelager (Fondaco, fontego) und der Ternaria betr. des Ölverkaufs gesichert. Nur aus den Fondaci und nur durch die Vermittlung der Ternaria konnten Getreide und Öl nach festen Preisen von den Zwischenhändlern zum Wiederverkauf erworben werden.

Jede Cliquenbildung zwischen Großhandel und Zwischenhandel und selbst die Ausdehnung des Handelsgeschäfts durch Vermehrung der Verkaufsstellen oder Anstellung von Familienmitgliedern war verboten. In allen Mariegole der Zünfte kehrt dieses Verbot wieder. Öl mußte bedingungslos an die Käufer abgegeben werden.

Zeitlich gleichzeitig mit dem Edikt Zianis und in ihm erscheint das Institut der drei Justiciarii, der oben bereits genannten Kontrollbehörde. Diese Justicia vecchia — später so genannt, nachdem sich die Errichtung einer Parallelbehörde, der Justicia nuova, als notwendig erwiesen hatte — hat wahrscheinlich eine unmittelbare Überwachung des Lebensmittelhandels nur in beschränktem Maße ausgeübt. Das war Sache der Soprastanti der Zünfte. Diese und auch die Gastalden (vicedomoni) und ihre Compagni (decani) erscheinen ebenfalls schon im Zianiedikt. Auch von „ternieri" spricht das Edikt bereits. Die Einrichtung eines besonderen Amtes der „ternaria" erfolgte erst 104 Jahre später. Auch diese mit der Bewirtschaftung der Fette, später ausschließlich des Öls betraute Behörde unterstand Adeligen mit dem Titel Vicedomini. Die Ternieri waren die Händler, die Ternaria ihre Aufsichtsbehörde, der übrigens auch die Erhebung des Datio oblag und die die Kontrolle über Maße und Gewichte ausübte.

Nicht für alle Zünfte des Lebensmittelhandels liegen uns ihre Mariegole noch vor. Für die meisten auch nur in späteren Niederschriften. In diesen aber findet sich meistens aus voraufgegangenen Zeiten, etwa aus dem 12. bis 15. Jahrhundert, noch in Abschriften der Urkunden eingetragen, was den Zeitgenossen grundsätzliche Bedeutung zu haben schien. Damit sind die Mariegole eine wichtige Quelle unseres Wissens für das, was im Lebensmittelhandel bereits vor 1486 als gesetzliche Bestimmung galt.

Die lange Reihe der Lebensmittelverordnungen beginnt mit dem Abschnitt:

a) „Delli ordeni delle beccharie e circa il vender delle carne."

(Von der Schlachthausordnung und vom Fleischhandel.)

Der Staat unterhielt zwei Schlachthäuser (beccharie) am Rialto und bei S. Marco. Sie unterstanden adeligen Beamten, Signori. Soweit aus dem nur in Resten erhaltenen Capitulare dieses Dienstes, fast unleserlichen Blättern, und aus den weiter zu besprechenden Verfügungen des Mag. d. s. zu schließen ist, arbeiteten in den Schlachthäuser die Schlächter (beccheri), die anscheinend auch die Besitzer des Schlachtviehs war, als freiberuflich Schaffende. Ihnen war auch der Fleischverkauf, jedenfalls der unmittelbare im Schlachthaus, mit aller damit verbundenen Verantwortung überlassen. Amtlich angestellt, Inhaber eines „officium", waren die Zerteiler (tagliadores), die Schätzer (stimadores), die Abwieger (ponderadores oder pesadores) und Aufseher (soprastanti). Die letztgenannten hatten die Doppelaufgabe der Überwachung im Betrieb und der Erhebung des Datio, der Abgabe, einer der indirekten Steuern, die eine der wesentlichsten Einnahmen der Republik bildeten. Die Enthäuter (scortegadori) waren wohl nur Hilfskräfte der Schlächter.

Von den Inhabern eines Officium hatten aber auch die Tagliatoren ein Verkaufsrecht, standen also anscheinend mit den Schlächtern in einem engen Berufsverhältnis.

Wieweit die Schlächter selbst die Heranführung des Schlachtviehs auf eigene Kosten übten, oder ob noch Viehhändler daran beteiligt waren, ist nicht erkennbar. Für von auswärts eingeführtes Vieh ist es nach einigen Verfügungen wahrscheinlich.

Dafür, daß die Behörde selbst verkaufte, findet sich kein Anhalt.

Die Signori delle beccharie hatten bis zur Einsetzung des neuen Magistrats unter der Oberaufsicht des Collegio der XII Savii, des Verwaltungsausschusses des Senats gestanden. Zunächst griffen auch die Proveditoren a. s. in den Fleischhandel nur ein, wenn es sich um die Frage der Gesundheitsschädlichkeit verdorbenen Fleisches handelte. Eine befehlende Anordnung an die Signori der Schlachthäuser vom 13. 3. 1486 ist noch in den feierlichen Formen eines lateinischen Textes gehalten, wie er damals noch als allein schicklich galt für die Erlasse hoher Behörden. In der Bestimmtheit der Formulierung kommt das Bewußtsein der ihnen gegebenen Autorität zum Ausdruck. Sie machen den Signori zur Pflicht, gegen alle vorzugehen, die wegen Verkauf von „carnibus pestefiris et infectis“ denunciert seien und erlegen ihnen auf, durch ihren Notar die eingelaufenen Klagen (richiami) alle 8 Tage dem Officio d. s. zur Anzeige zu bringen bei Strafe seiner Enthebung vom Amt.

Sie ordnen an (volunt, jubent et mandant), es dürfe nicht gestattet sein, daß von den Ponderatoren Fleisch abgewogen würde, das in irgendeiner Weise inficiert erscheine. Auch dürfe überhaupt Fleisch nur bis zu 24 Stunden abgewogen werden und niemand anders als die amtlich bestellten Ponderatoren dürften abwiegen bei Strafe der Amtsenthebung. Jeder andere, der sich dies anmaße, verfalle in eine Strafe von 50 Pfund.

Die Tagliatoren dürften kein Fleisch zerteilen, das ihnen inficiert erscheine, bei Strafe der Amtsenthebung und Nichtwiederzulassung für zehn Jahre, abgesehen von sonstiger Bestrafung nach dem Gesetz.

Schließlich wird den Signori untersagt, sich von den Contradabehörden (den Vertretern der Kirchenspiele) irgendwelche Vorschriften in dieser Angelegenheit machen zu lassen, etwa in Bezug auf Aufhebung von Strafentscheidungen.

Der Erlaß spricht an einer Stelle davon „Wie hervorgeht aus dem Gesetz unseres Capitulares". Dieses Gesetz ist nicht erhalten, es geht aus dieser Bemerkung nur hervor, daß die Proveditoren unmittelbar nach ihrem Amtsantritt eine entsprechende Verfügung erlassen haben. Die Schärfe des Tons, der angeschlagen wird, beweist, daß die Mißstände im Schlachtwesen nicht gering gewesen sein können und daß jene erste Verfügung nicht die gebührende Beachtung gefunden hatte.

Die nächste Verfügung im Capitulare I trägt das Datum des 10. 11. 1498. Erst in dieser Zeit scheint die Überwachung des gesamten Lebensmittelhandels, auch soweit es sich um völlig einwandfreie Ware handelte, unter die Competenz des Officio d. s. gefallen zu sein. Denn diese Verfügung nimmt Bezug auf einen Erlaß des Collegio der XII Savii vom 20. 3. 1486, also aus einer Zeit, in der die Proveditoren bereits amtierten. Nach diesem Erlaß der Savii sollte im Schlachthaus nur das Fleisch von Kälbern (vedeli, vitelli) im Gewicht von 150 Pfund als vollwertig anerkannt werden.

Dieser Erlaß des Collegio, der sich nicht erhalten hat, bildet für die nächsten Jahrzehnte das Kernstück der gesamten Schlachtordnung. Er wird in der genannten Verordnung vom 10. 11. 1498 näher erläutert und dieser Verordnung schließen sich in den folgenden Jahrzehnten in Abständen von 4—5 Jahren einander folgende, immer weiter ergänzte Verfügungen der Proveditoren an, bis schließlich am 12. 10. 1530 ein großer zusammenfassender Erlaß herauskommt, dem nur noch am 3. 4. 1532 ein kurzer Nachtrag folgt, womit die Gesetzgebung auf diesem Gebiet für lange Zeit abgeschlossen wird.

„Um allen Betrügereien und Täuschungen ein Ende zu machen", so beginnt dieser Erlaß, „wie sie täglich beim Verkauf von Kalbfleisch, Fleisch von Jungvieh und carne devedade (devietata) in den Schlachthäusern begangen werden, zu schwerem Schaden und Nachteil des Lebens der Kranken und Gesunden, wird beschlossen und bestimmt, daß künftighin zum Heil und zur Gesundheit der Gemeinschaft dieser erlauchten Stadt Folgendes zu gelten hat:

Der immer wieder erscheinende Ausdruck „carne devedade oder vedade (devietata oder vietata) hat nicht die wörtliche Bedeutung, es handele sich um verbotenes Fleisch. Er bezieht sich auf alles Fleisch, dessen Verkauf auf den Bänken innerhalb der Schlachthäuser verboten ist. „Carne devedade" ist also alles Rindfleisch, von Jungvieh (manzeti), Ochsen, Kühen, von Hammeln und Ziegen und das Fleisch von Kälbern, deren Gewicht höher oder niedriger liegt als 150 Pfund. Schweine wurden, wie später zu berichten, im Schlachthaus nicht geschlachtet.

Nur das Fleisch von Kälbern, die 150 Pfund wiegen, darf zum Preise von drei Lire für das Pfund auf der Bank innerhalb des Schlachthauses verkauft werden. Alles Fleisch von Kälbern, die diese Bedingung nicht erfüllen, ist durch die „stimadori" abzuschätzen und muß als Fleisch von „vedeli di stima", wie jedes andere „carne devedade" auf Bänken außerhalb des Schlachthauses zum Kauf angeboten werden. Dort müssen über den Bänken Tafeln angebracht sein, auf denen mit Wachs angeklebte Anschläge mit deutlichen Buchstaben Preis und Art des Fleisches angeben, damit jeder wisse, was er kaufe.

Solche Schlachtbestimmungen waren nichts Ungewöhnliches. J. P. Frank [11] erwähnt noch aus dem 18. Jahrhundert gleiche Verordnungen. Er schreibt: „Daher hat man an vielen Orten genau das Alter bestimmt, welches ein Kalb haben muß, ehe es geschlachtet werden möge, als welches um so billiger ist, da das Kalbfleisch meistens die Nahrung kränklicher oder doch schwächlicherer Menschen ausmacht." Ramazzini [18] erwähnt ein Frauenkloster in Italien, in dem es Gesetz war, nichts als Kalbfleisch zu verzehren. Es bestanden also auch anderswo und auch in Deutschland schon im 16. Jahrhundert solche Verordnungen.

Auf jede Weise soll gesichert sein, daß das hochgeschätzte Kalbfleisch, für alle Kranken die beste und erwünschte Nahrung, auch wirklich nur von Kälbern des vorgeschriebenen Gewichtes stammt. Dazu genügt der Behörde nicht das Wiegeergebnis allein. Jeder soll sehen können, daß die Kälber den Vorschriften entsprechen. Dafür gab es bei der damals gezüchteten Viehrasse ein Merkmal, das Heraustreten der bleibenden Zähne. Köpfe von Kälbern, die diese Zähne herausgetrieben hatten, „che hanno buttade le dente", zeigten an, daß das Tier bei normaler Entwicklung jene Gewichtsgrenze überschritten habe.

Hier galt es einen Betrugstrick auszuschalten, den Versuch, dadurch zu täuschen, daß dem Körper eines bereits zu schweren Kalbes der Kopf eines jüngeren Tieres hinzugelegt wurde. Daher die strenge Anweisung, beim Aufhängen der geschlachteten Kälber habe immer der Kopf am Rumpf zu bleiben, damit jeder feststellen könne, ob sie schon „buttade le dente" hätten. Für Kälber von höherem Gewicht, bei denen diese Zähne noch nicht erschienen seien, gelte das Wiegeergebnis.

Nun kamen aber auch Kälber zur Schlachtbank, die zwar schon „buttade le dente" hatten, dennoch aber das vorgeschriebene Gewicht nicht erreichten. Das waren die „magri et tristi", die mageren und elenden Tiere, deren Fleisch ebenfalls als „carne devedade“ zu gelten hatte. Diese mageren und tristen Kälber mußten abgehäutet zur Wage gebracht werden, damit sich jeder überzeugen könne, daß sie „magri et tristi“ seien.

Die Aufgabe der Stimadores, der Schätzer, war, für das Fleisch dieser den Vorschriften nicht entsprechenden Kälber einen angemessenen Kaufpreis festzusetzen, zu dem dieses Fleisch dann unter allem anderen „carne devedade“ mit der Bezeichnung „vedeli da stima“ unter Angabe des Preises auf der Anschlagtafel außerhalb des Schlachthauses zu verkaufen war.

Jedes Zuwiderhandeln seitens der Schlächter und Zerteiler beim Verkauf zog den Verlust des Kalbes nach sich, zusätzlich des Auspeitschens von S. Marco bis zum Rialto, also durch die ganze Merceria hindurch, Zahlung von 300 Lire in kleiner Münze, einem Monat strenger Haft und von vier Jahren Entzug jeder Schlachterlaubnis in den Schlachthäusern oder außerhalb davon. Und diese vier Jahre rechneten erst von dem Tage ab, an dem die Strafsumme vollständig bezahlt war. Der Grundsatz „ne bis in idem“ galt damals hier, wie bei anderen Vergehen, nicht, vielmehr das Gegenteil.

Besonders schwere Strafen nach dem Gutbefinden der Proveditoren sollten verhängt werden, wenn Fleisch von Kälbern von mehr als 150 Pfund, das schon, wie andere gestempelte Fleischwaren, mit dem „großen Stempel“ versehen war, dennoch im Schlachthaus und nicht außerhalb angeboten wurde.

Eine weitere Sicherung wird eingeschaltet durch die Anordnung, es dürften durch die Scortegatoren, die Abhäuter, überhaupt keine Kälber zur Waage gebracht werden, die nicht zuvor von den Soprastanti, den Aufsehern, besichtigt und freigegeben seien, bei Strafe von 50 Lire und einem Monat strenger Haft. Die Wieger selbst, die Ponderatoren, wenn sie entgegen dieser Bestimmung abwögen, verfielen in eine Strafe von 200 Lire und drei Monaten strenger Haft. In dem höheren Straftenor kommt die höhere Verantwortlichkeit der Beamten zu Ausdruck.

Mit großem Ernst und Nachdruck werden dann die Verbote über den Verkauf von verdorbenem Fleisch wiederholt, durch dessen Genuß leicht Krankheiten entstünden, von denen aus die Stadt mit einer pestilenzialischen Seuche, eine „pestifero morbo“ angesteckt und inficiert werden könne. Niemand soll eine Ausrede oder einen Vorwand gelten machen können, wenn er verdorbene

Ware auf den Markt bringt, ganz gleichgültig, welche Ursachen vorlägen, etwa feuchtes Wetter oder andere nachteilige Umstände. Alle Ausdrücke für Verderbnis, die der italienischen Sprache zur Verfügung stehen, dienen zur Bezeichnung solchen Fleisches: „carne marza, guasta, puzzolenta, pornia, lipsia, mortesina, azuchada" oder mit anderen Fehlern behaftetes Fleisch. Mit schwerer Strafe wird bedroht, wer die Schamlosigkeit habe, sich zu erdreisten, im Schlachthaus Fleisch solcher Art über den Bänken aufzuhängen oder anderswo vorrätig zu halten.

Sofort muß solche schlechte Ware aus dem Schlachthaus entfernt werden, zur Wage gebracht unter Zuziehung der Besitzer und dann ins Wasser geworfen werden, wie es üblich sei, mit schlechtem Fleisch zu verfahren. (Ebbe und Flut leisteten die Arbeit der Abfuhr.)

Auffällig ist, daß in diesen Verordnungen nirgends von finnigem Fleisch und daher auch nicht von einer Freibank die Rede ist. Aus Deutschland sind Bestimmungen hierüber schon aus dem 13. Jahrhundert bekannt, so aus Augsburg 1276 [10]. Eine mögliche Erklärung könnte sein, daß es im Bereich der Laguneninseln und des angrenzenden Festlandes, woher das Schlachtvieh angeführt wurde, zu einem Entwicklungscyclus der Taenia saginata nicht kommen konnte, weil alle menschlichen Fäkalien unmittelbar in das von Ebbe und Flut bewegte Lagunenwasser gelangten. Daß die relativ großen Finnen unbeachtet geblieben wären, ist unwahrscheinlich, denn, wie später zu berichten, waren die viel schwerer zu erkennenden Trichinellen im Schweinefleisch als „carne graminosa" wohl bekannt.

Wenn und wo auch solches schlechte Fleisch angetroffen würde — alle nur denkbaren Stellen des Schlachtbetriebes werden aufgeführt — verlieren die Schlächter und Verteiler auch all ihr gutes Fleisch, das zusammen mit dem schlechten vorhanden ist, haben 300 Lire in kleiner Münze zu zahlen, kommen für drei Monate in strenge Haft und dürfen für zwei Jahre weder im Schlachthaus noch sonstwo schlachten. Auch hier beginnt dieser Termin erst nach Zahlung der Geldstrafe.

Verboten ist, an den Verkaufsstellen Fleisch von „vedeli da stima", von Kühen, Schafen oder anderem Vieh zu verkaufen, das während des Transportes oder sonstwie eingegangen sei. Ausdrücklich wird den Scortegadori, den Abhäutern, verboten, irgendein Tier auch nur abzuhäuten, das tot in die Stadt gebracht wäre. Auf jeden Fall dieser Art steht eine Strafe von 50 Lire und bei Zahlungsunfähigkeit das Auspeitschen vom Rialto bis S. Marco.

Diese Verordnung wird durch eine zwei Jahre später erlassene Zusatzverordnung dahin erläutert, daß zwar geschlachtetes Vieh eingeführt werden dürfe, aber nur versehen mit einer Bescheinigung (fede) der Behörde (Rettori) des Ursprungsplatzes, daß diese Tiere nicht „de sua morte", an ihrem eigenen Tode eingegangen, sondern daß sie beim Schlachten gesund gewesen seien, daß ihr Fleisch gut sei und den Verzehrer nicht inficieren könne. Fehlt solche „fede", so verfallen mit den Schlächtern und Viehhändlern (mercadenti) auch die Anlieferer und die Barkenführer, die solche Ware transportierten, den üblichen Strafen.

Für die Stadt selbst bestand, wie aus einem Befehl der Signori delle beccharie hervorgeht, für die Pestrineri, die Viehhalter, eine Verordnung, nach der jede Erkrankung und das Umstehen eines Stücks ihres Viehs sofort zu melden war. Damit sollte offenbar die Vornahme von Notschlachtungen verhindert werden.

Alle oben genannten Bezeichnungen für Verderbnis finden auch Anwendung auf nicht einwandfreie Innereien. Gerade sie nahmen in der Ernährung der armen Bevölkerung einen großen Platz ein. Besonders erwähnt werden kranke Lebern. (Für die Ausdrücke „venosi et gerosi" haben mir die Wörterbücher keinen Aufschluß geben können.)

Die Bestimmungen gegen Zuwiderhandelnde sind die gleichen, Verlust der Ware und die üblichen Strafen.

Mit großer Bestimmtheit erinnert die große Verfügung noch einmal daran, daß an allen Verkaufsstellen die geforderten Angaben über Art und Preis gemacht werden müssen, bei Strafe der Beschlagnahme und sonstiger Bestrafung.

Frühere Verfügungen handeln wiederholt von der Verwendung der beschlagnahmten Ware, Abgabe an sich einwandfreier Ware an die Klöster und Wohlfahrtseinrichtungen, Teilung der Strafsumme zur Hälfte nach dem Gutbefinden der Proveditoren an den Denuncianten oder an die Beamten, die den Verstoß aufdecken, oder zu Nutzen der Lazarette.

b) „Delli ordeni circa le pescarie et del vender li pesci, cappe, ostrege et altre cose triste."

(Von den Bestimmungen über die Fischmärkte und betreffs des Verkaufs von Fischen, Muscheln, Austern und anderen verdorbenen Waren [gemeint, wenn sie verdorben sind].)

In einer grundlegenden Arbeit über die Zünfte von Venedig erwähnt CECCHETTI [6], ein Capitulare, betitelt „dei piscatori", beginnend im Oct. 1227, sei tatsächlich eines der „compravendi pesce e volatile", der Käufer-Verkäufer (Zwischenhändler) von Fisch und Geflügel. Ihm hat also ein Capitulare oder die Mariegola einer „scuola", einer Zunft der Fischer, nicht vorgelegen.

Trotz des Fehlens einer solchen Mariegola in den Beständen des Archivio di stato oder der Bibliothek des Museo Correr ist aber nicht zweifelhaft, daß es eine Fischerzunft gegeben haben muß. Das erweisen schon die ersten Verfügungen des Abschnittes im Capitulare I des Mag. d. s. vom 13. 10. 1493, der den obigen Titel trägt.

Dort wird unmißverständlich von einer „scuola di pescatori" gesprochen. Ihrem Gastalden wird unter Androhung einer Strafe von 50 Lire und 15 Tagen Haft verboten, am Pallo, d. h. an der Anlieferungsstelle für den Fisch, wo der Datio, die Abgabe, erhoben wurde, Fisch für gut zu erklären, der schlecht und verdorben sei. Gleichzeitig wird auch dem Datier am Pallo eine Strafe von 50 Lire und einem Monat Haft angedroht, falls er Fisch zum Verkauf am Pallo an die Fischhändler zulasse, der nicht zuvor von dem Gastalden und seinen Compagni für gut und einwandfrei erklärt sei. Auch sollen die Gastalden zwei- oder dreimal täglich über den Fischmarkt gehen und feststellen, ob etwa schlechter Fisch verkauft werde. Solcher Fisch muß ins Wasser geworfen werden. Darüber sollen sie dem Officio d. s. Bericht erstatten.

Ein halbes Jahr später aber wird diese Verfügung dahin abgeändert, die Beurteilung des Fisches habe unter der Competenz der Gastalden und Beamten der „scuola di compravendi pesce", der Fischhändler, zu fallen. Nur, was sie entschieden, sei gültig.

Es war einerseits nicht möglich gewesen, mit allerhand Ausreden der Fischer fertig zu werden, andererseits fehlte es wohl an Vertrauen zu den Gastalden der Fischerzunft, daß sie die Ware ihrer Zunftgenossen mit der nötigen Gewissenhaftigkeit prüfen würden. Von den Gastalden der Fischhändler war das im Interesse der Zunft eher vorauszusetzen.

Nur dort, am Pallo, ging die Ware aus der Hand der Fischer in die der „Compravendi" über. Sicher waren es unerwünschte Beziehungen der Fischer zu den Compravendi, die später zu der Anordnung Anlaß gaben, die Fischer dürften mit den Compravendi dann nicht weiter zusammenkommen (mescolando), (29. 8. 1504). Denn es kam auch vor, daß noch halbwegs zum Fischmarkt Fischer und Compravendi unzulässige Geschäfte tätigten. Befohlen wurde, die Compravendi hätten sich nur an den für sie bestimmten Plätzen auf dem Fischmarkt aufzuhalten bei einer Strafe von 25 Lire.

Mehr ist über eine Zunft der Fischer, die sicherlich vorhanden war, nicht festzustellen, vor allem auch nicht, in welcher Weise Süßwasserfisch angeliefert wurde.

Um so mehr Auskunft geben das Capitulare I des Mag. d. s. und die Mariegola der „Compravendi pesce".

Von dieser Mariegola liegt vollständig nur eine Kopie aus dem Jahre 1722 vor. Es ist aber ein umfangreiches, allerdings nicht datiertes Fragment der alten Originalmatrikel, ein in schönen Majuskeln geschriebener Codex, vorhanden, der aus dem 14. Jahrhundert stammen dürfte.

Aus der Mariegola erfahren wir, daß der Beruf der Fischhändler eine Altersversorgung für die Fischer war, die das 50te Lebensjahr überschritten hatten. An dieser Regel hielt die Zunft zäh fest. Jeder Versuch, auch anderen Personen, etwa Freunden oder Familienangehörigen anderer Altersklassen den Zugang zur Aufnahme in die Zunft zu gewähren, wurde abgewiesen. Auch Teilhaber zum Geschäft zuzulassen, etwa die Ware von Freunden mitzuverkaufen, war verboten. Noch 1520 protestierte eine große Gruppe von Zunftmitgliedern mit Erfolg gegen eine Entscheidung der Justicieri, daß auch jüngere Leute zuzulassen seien.

Das Bedürfnis des Staates, gerade von Waren Abgaben zu erheben, die als lebenswichtig in großem Umfang gehandelt wurden, ist sicherlich der Grund dafür, daß, wie der Fleischhandel auf die Schlachthäuser, so der Fischhandel auf bestimmte Fischmärkte bei S. Marco und beim Rialto beschränkt wurde. Überhaupt wurden dem Kleinhandel in den Kanälen, von der Barke aus, auch bei anderen Waren, soweit die praktischen Verhältnisse es zuließen, möglichst viel Hindernisse bereitet. Er war zu schwer zu kontrollieren.

Da beim Fisch die Frage der Schädlichkeit verdorbener Ware weit mehr noch als beim Fleisch sich aufdrängen mußte, ist zu verstehen, daß die Proveditoren auf diesem Gebiet der Gesundheitsführung gleich nach Antritt ihres Amtes energisch eingriffen, auch daß sie seitens der Zunft hierbei volle Unterstützung fanden.

Die große Bedeutung, die die Fischerei für die Lebensmittelversorgung der Stadt damals wie heute hatte, wird klar erkennbar in der Ausführlichkeit der Verordnungen im Capitulare I über den

Fischverkauf. Die Behörde verfügte über eine sehr genaue Warenkenntnis. Alles, was an Fischen, von den zahlreichen Knorpelfischen (Selachiern), Krustern und Nacktpulpen (Dekapoden) auf den Fischmarkt kam, wird in ihnen erwähnt und erörtert und auf seine Tauglichkeit und Untauglichkeit, auch auf seine Gefahren für den menschlichen Genuß, beurteilt.

Eine nicht geringe Erschwerung für das Verstehen und die Auswertung des Sinns dieser Verordnungen bereitet es, daß diese Ware in ihnen nur unter den damals gebräuchlichen Vulgärbezeichnungen erscheint. Trotz freundlicher Hülfe durch befugte Zoologen, auch durch einen italienischen Specialisten für solche Vulgärbezeichnungen, ist es für einige dieser Meerbewohner nicht gelungen, sie zu identificieren, leider auch gerade für zwei von ihnen nicht, die besonders häufig genannt sind, die „morone" und die „zienali" (auch scenali oder scienali geschrieben). Die ersten sind nach Angaben von Leuten aus dem Volk vielleicht kleine Sepien von bräunlicher Farbe, wie sie in Massen heute noch auf dem Fischmarkt gehandelt werden. Das Wort „zienali" bezeichnet einen offenbar ganz ordinären, sowohl im Meer wie in der Lagune, selbst in den Kanälen der Stadt vorkommenden kleinen Fisch. Auf den Fischmärkten in Venedig und Chioggia war keine Auskunft zu erhalten. Diese Bezeichnungen sind vergessen. Es ist nur ein magerer Trost, daß es auch auf anderen Gebieten und auch italienischen Gelehrten, wie mir einer von ihnen sagte, nicht immer gelingt, für alle Vulgärbegriffe früherer Zeiten eine zutreffende Erklärung zu finden.

Wie beim Fleischhandel so beziehen sich die ersten Verordnungen über den Fischhandel auf den Verkauf verdorbener Fische. Die oben genannten „morone" und „zienali" werden hier besonders genannt, zusammen mit „altre sorte di pesce", Fischchen anderer Art. Wahrscheinlich waren gemeint die Gemische von allerhand Fischchen und kleinem Seegetier, wie sie noch heute gemeinsam unter dem Namen „fritto misto", gemischtes Gebackenes, feilgeboten werden und einen wesentlichen Teil der Ernährung des Volkes ausmachen, übrigens aber auch noch heute nicht selten Anlaß zu Verdauungsstörungen unangenehmster Art geben.

Auf den Verkauf verdorbener Ware steht die Strafe, einen Tag an der „berlina", am Pranger zu stehen, 50 Lire in kleiner Münze zu zahlen, wovon der Denunciant die Hälfte erhält, und daß außerdem mit der schlechten auch die gute Ware beschlagnahmt wird zu Gunsten der Klöster und anderer Wohlfahrtseinrichtungen.

Ausdrücklich wird außerdem einer „pessima consuetudine", einem allerübelsten Mißstand, vorgebeugt durch ein Verbot, in den Läden oder sonstwo in der Stadt, mit Ausnahme der Gasthäuser, Fisch, „morone", „zienali", „gambarelli" (Krabben), in gebratenem oder gekochtem Zustand zu verkaufen, nachdem sich herausgestellt hat, daß versucht wurde, auf diese Weise „sotto ombra de cucinar", im Schatten des Gekochtsein, auch verdorbene Ware abzusetzen. Strafe: 200 Lire, sechs Wochen Gefängnis, das aber erst abgesessen werden kann, wenn die Strafsumme erlegt ist, eine sichere Methode des Eintreibens des Geldes. Nach Abzug der Denunciationsgebühren floß es den Klöstern und Wohltätigkeitseinrichtungen zu.

Die Proveditoren geben in diesen Verordnungen immer wieder ihrer ernsten Sorge Ausdruck, einen wie großen Schaden für die Gesundheit der Genuß von verdorbenem Fisch bedeute und wie leicht dadurch die Stadt mit einem „pestifero morbo" inficiert werden könne. Die Sorge für die Erhaltung der Gesundheit, heißt es, verlange, alles Unzulässige zu verhindern.

Die Gefahr der Vergiftung durch verdorbenen Fisch oder verdorbene Kruster war also wohlbekannt. Und bekannt war auch, daß einige Seetiere zur Zeit ihrer Geschlechtsproduktion toxische Stoffe producieren. Daher wurde für die Monate August und September das Fischen und der Verkauf von „cappe tonde", runden, heute nicht mehr marktfähigen Muscheln, und von „masenete", kleinen runden Taschenkrebsen, verboten, weil sie zu dieser Zeit gleich seien einem „veneno et tosego" (tossico). Weder auf dem Fischmarkt noch anderswo im Stadtbereich durften sie verkauft werden bei Strafe für den Fischer wie für den Verkäufer, 50 Lire in jedem Einzelfall zu zahlen, wovon die Hälfte der Denunciant erhält, wenn es sich als wahr erweist. Auch heute werden die „masenete" nicht mehr als eßbar angesprochen.

Daß man alle Kruster nur lebend in den Kochtopf bringen darf, will man sich vor der Gefahr der sogenannten Garnelenvergiftung bewahren, wußte man sehr wohl in Venedig. Das gab den Anlaß zu einer sehr scharfen Verordnung vom 7. 5. 1507, in der es heißt, eine schlimme und pestbringende Gewohnheit (pessima et piu pestifera usanca) habe sich eingeführt, die Granceole (Maja spinata) aus Istrien, große, rundliche, mit Stacheln besetzte Seekrebse, nach dem Kauf in Fischkästen oft tagelang aufzubewahren („incanevar") und zu stapeln. Dort verdürben sie und ihr Genuß wäre schädlich. Noch heute ist dies eine ziemlich kostspielige Ware, die sich schon damals nicht flott verkaufte.

Es wird daher von den Proveditoren, die wegen des Ernstes der Sache hier mit ihren Namen genannt sind, befohlen, die Granceole wären sofort nach ihrem Eintreffen aus Istrien und nach Vorzeigung am Pallo ohne Verzug zu verkaufen.

Mit den Fischhändlern, die gegen dieses Verbot verstoßen, verfallen auch die istrischen Fischer, wenn sie nicht sofort zum Pallo und dann zum Fischmarkt fahren, unter die gleiche Strafe von 50 Lire und Beschlagnahme der Ware.

Schlauköpfe nämlich waren auf den Ausweg gekommen, den istrischen Fischern aufs offene Meer entgegenzufahren. Auch das mußte durch ein Kapitel der Mariegola erst verboten werden.

Dieses Verbot eines „incanevar", eines Aufbewahrens, eines Stapelns von Granceole, wurde in Hinblick auf die Vergiftungsgefahr so ernst genommen, daß es, noch weiter ausgeführt, auch in die Mariegola der Compravendi unter die Verbote aufgenommen wurde. Überhaupt wird ganz im Sinne des alten Edikts des Sebastiano Ziani jedes Aufbewahren und Hamstern von Fisch, etwa in Fischkästen, Barken oder Gefäßen, verboten. Bei Strafe der Ausstoßung aus der Zunft und Zahlung von 10 Dukaten — eine sehr hohe Summe — sollte auf diese Weise verhindert werden, daß etwa in einem für die Händler günstigen Augenblick eine Mangelkonjunktur erzeugt wurde. In der gleichen Richtung der Ausschaltung von unzulässiger Konkurrenz scheint es gelegen zu haben, daß es den Händlern in älterer Zeit überhaupt verboten war, Fische von einem Gewicht von mehr als 10 Pfund zu verhandeln, es sei denn mit ausdrücklicher Licenz der Justicieri.

Kaum weniger gefürchtet war die Vergiftung durch den Genuß toter Süßwasserfische. Dem Schutz dagegen sind mehrere Erlasse gewidmet. Sowohl die Fischer, die tote Süßwasserfische nach Venedig brachten, wie die Händler, die ihnen den Fisch zum Wiederverkauf abnahmen, ja selbst die Barkenführer, die sich für den Transport hergaben, hatten mit Strafen von 100 Lire und einem Auspeitschen rund um den Fischmarkt zu rechnen, ganz gleichgültig ob die Fische noch gut oder schlecht waren. Kam Süßwasserfisch nach Venedig, so bestand die Möglichkeit, ihn sofort einer Kontrolle durch die Aufseher unterziehen zu lassen und ihn dann sofort einzusalzen. Geschah das nicht, so wurde die Ware beschlagnahmt, als ob sie schlecht wäre. Dem Barkenführer wurde die Barke verbrannt.

Diese radikalen Bestimmungen wurden später, 1512, im Belang der armen Fischer aus den „valle", den Tälern der Bergländer der „terra ferma", durch die Proveditoren insofern erleichtert, als nunmehr zugelassen wurde, Fische aus fließendem Wasser, nicht aus stagnierendem oder fauligem Wasser, zum Markt zu bringen, aber nur in lebendem Zustande, d. h. in Gefäßen, dies unter Kontrolle der Aufseher. Waren sie abgestorben, so durften sie nicht mehr verkauft werden. Gegen Zuwiderhandelnde bleibt es bei den gleichen Strafen, einschließlich des Auspeitschens rund um den Fischmarkt.

Zu Zeiten des Pestausbruchs von 1527 wurde einmal für den Monat September der Verkauf von Süßwasserfisch, lebend oder tot, mit Ausnahme lebender Hechte, vollständig verboten. Irgendeine Vorstellung muß bestanden haben, diese Fische könnten zum Träger eines Contagiums geworden sein.

Bis ins 16. Jahrhundert hinein folgen immer neue und eingehendere Verordnungen. So werden am 22. 2. 1530 noch einmal alle Süßwasserfische genannt, „Rhaine" (Karpfen), „tenche" oder „zenche" (Schleien), „luci" (Hechte), die niemals tot verkauft werden dürften.

Venedig hat mit diesen Bestimmungen sowohl im Mittelalter bis in die Neuzeit hinein nichts Ungewöhnliches angeordnet. Selbst in dem der See so nahe gelegenen Holland wurde zur Zeit des Krieges mit Spanien, wie ein Spanier berichtet, Süßwasserfisch nur lebend in Gefäßen auf den Markt gebracht.

Für die Seefische bringt dann eine Verordnung eine Reihe von Namen der alltäglichen Marktware, der „rombi" (Schollen), der „rhaze", „baose", „stramazze" (verschiedener Rochenarten), der „channi" (kleiner Haie) und des Fisches „colombo", des Adlerrochens. Aus unerfindlichen Gründen war der Verkauf dieses großen Rochens, der heute auf den Märkten zerteilt wird, ganz und gar verboten.

Diese Rochen werden an mehreren Stellen mit dem Ausdruck „pesce matti" bezeichnet, in einem Zusammenhang, in dem damit keine Verderbnis gemeint sein kann. Sollte es zutreffen, daß dies Wort, das nach Lexiconangaben mit „närrisch oder verrückt" zu übersetzen ist, sich vielleicht auf die sonderbaren Formen dieser Tiere bezieht.

In der Mariegola wird verboten, Zienali mit sauberen Eingeweiden zu vermischen mit solchen, die in den Kanälen gefangen seien. Man war sich also des üblen Zustandes des Wassers in den Kanälen bewußt. Alle Abwässer liefen in sie hinein. In der Tat hätte es bei der Verarbeitung solcher Kanalfische sehr wohl zu Infektionen, etwa an Bauchtyphus, kommen können, wie beim Genuß von Austern, deren Bänke im Bereich von Kanalisationsauslässen liegen und den man sich daher in Hafenstädten des Mittelmeers besser versagt.

Ein beliebter Trick mußte für den Markt verboten werden, Fische dadurch frisch erscheinen zu lassen, daß man Algenteile über sie ausstreute oder ihre eintrocknenden Kiemen mit Blut bestrich (sanguinolar). Das ist offenbar recht oft vorgekommen, denn auch hier schien, außer einer Strafe von 25 Lire, ein Auspeitschen von S. Marco bis zum Rialto die angemessene Strafe.

Zu verschiedenen Zeiten und in mehreren Verordnungen ist der hygienische Zustand der Fischmärkte Gegenstand der Fürsorge des Officio d. s. und der Zunft.

Täglich sollte der Fischmarkt von allem Abfall gereinigt werden. Alle Fischeingeweide und besonders der reichliche Abfall beim Ausschlachten der „pesce matti", der Rochen, an Häuten und Därmen war in Körben zu sammeln und mußte hinter die Insel S. Giorgio und zu anderen trockenen Stellen — gemeint sind wohl die sonnenbeschienenen Sandbänke — gebracht werden. Es sollte vermieden werden, daß durch den Gestank Belästigungen entständen, falls man den Abfall etwa in die Kanäle würfe. Gestunken werden sie an sich schon hinreichend haben. Selbst in unseren Tagen duften sie im Sommer nicht angenehm.

Es folgen schließlich noch technische Sonderbestimmungen, die für jene Jahrzehnte Geltung hatten, über das Einsalzen der Fische, die für Padua und Treviso bestimmt waren. Es ist dabei besonders von „menolle" die Rede (Meerbrassen der Gattung Squrus). Kein Fisch darf zum Einsalzen außerhalb des Pallo umgesetzt werden. Der einzusalzende Fisch muß unmittelbar beim Pallo gespalten und in Salz gelegt werden. Es wird kaum anders gewesen sein wie heute, wo man dies Einsalzen am Fischmarkt in Chioggia täglich vor Augen hat. Nur in einer Urkunde wird dem Datier und einem gewissen Hieronymus Balleche eine Sondervergünstigung gewährt, das Einsalzen in ihrem Magazin vorzunehmen. Zuwiderhandelnde haben 50 Lire zu zahlen, kommen für einen Monat ins Gefängnis und werden für ein Jahr vom Fischmarkt verbannt.

c) „Delli compravendi de oselli et de ogni altra cosa."

(Von den Händlern mit Geflügel und anderen Dingen [Eiern].)

In den Jahrhunderten vor 1500 hatte der Handel mit Geflügel nach Ausweis ihrer Mariegola, die ursprünglich „de compravendi pesci e volatile" lautete, in den Händen der Fischhändler gelegen.

Die Gesundheitsbehörde befaßt sich damit erst seit dem 8. 6. 1502 und zunächst auch nur, um den Klagen zu entsprechen, die von den Fußgängern in der Gegend des Rialto und von den dortigen Ladenbesitzern vorgebracht worden waren über den Schmutz und Gestank, der dort durch den Betrieb der Geflügelhändler in der Umgebung des alten Fischmarktes verursacht wurde. Die Proveditoren erkennen an und stellen fest, dadurch könne eine Verderbnis der Luft zu stande kommen, wodurch Krankheiten entstehen könnten. Diese Geflügelhändler sollen daher jeden Abend, wenn sie fortgehen und ihre Ware, die Tiere in den Körben, mitnehmen, den Platz reinigen und säubern. Überhaupt sollen die in Venedig selbst wohnenden Geflügelhändler in Zukunft dort nicht mehr verkaufen, sondern nur noch Männer und Frauen von auswärts, die nur für einen Tag mit ihren Hühnern und Eiern dorthin kämen und am gleichen Tage mit ihrer Ware wieder heimkehrten. Die Nichtbefolgung dieser Anordnung wird durch Auspeitschen von S. Marco bis zum Rialto geahndet. Außerdem kostet es unwiderruflich 6 Monate Gefängnis, 200 Lire, die der Denunciant erhält, und Beschlagnahme aller Ware zu Gunsten der Wohltätigkeitseinrichtungen. Die Schwere der angedrohten Strafe zeugt dafür, wie übel die Zustände gewesen sein müssen.

Mit der Ware selbst befaßt sich die nächste Verfügung vom 12. 11. 1506. Es hat sich herausgestellt, daß Händler und Händlerinnen aus der Stadt bei den Bauern alte Eier aufkaufen, um sie dann in der Stadt, als dort frisch gelegt, zu verhandeln. Besonders für die Kranken, heißt es, sei das ein großer Nachteil.

Allen in Venedig wohnhaften Eierverkäufern wird daher bekannt gemacht, sie hätten nur frische, in der Stadt selbst gelegte (nasciute) Eier zu verkaufen bei Strafe, 25 Lire für jeden Straffall zu zahlen, Auspeitschen von S. Marco bis zum Rialto, zwei Monaten Gefängnis. Der Denunciant bekommt die Hälfte, wenn es wahr ist und es wird geheim gehalten werden.

Die Schwere der angedrohten Strafen scheint ihre Wirkung nicht verfehlt zu haben, denn erst am 14. 9. 1533 muß erneut gegen eine „pessima corruptella", eine allerübelste Betrügerei, vorgegangen werden. Die Händler waren auf den Trick gekommen, die alten Eier aus ihrem Betrieb dadurch los zu werden, daß sie Frauen mieteten und von ihnen diese Eier als frisch an den Häusern anbieten ließen, so als ob sie eben erst vom Lande her zur Stadt gebracht worden seien.

Bei den Proveditoren waren zahlreiche Reklamationen eingegangen. Sie machen daher bekannt, daß die Händler nur in ihren Läden oder an ihren Standplätzen Eier verkaufen dürfen. Wenn sie in der Stadt nicht genug Eier aufkaufen können, so müssen sie zum Einkauf nach auswärts gehen. Auf Vorrat aber dürfen sie überhaupt nur einen Korb mit 100 Eiern im Laden haben. Die Bauern von außerhalb dürfen nur ihre eigene mitgebrachte Ware verkaufen.

Soweit das Capitulare. Eine ältere Verfügung aus dem Jahre 1498, von der Caogrosso berichtet, verbietet bei Prügelstrafe den Verkauf von abgehäuteten Sperlingen und Schwalben. Wie heute verspeisten die Italiener damals mit Vorliebe kleine Wildvögel, besonders auch viele Arten von Singvögeln. Vielleicht waren es abergläubische Vorstellungen, die sie damals davon abhielten, jene so leicht zu fangenden Vögel zu verzehren, die fast zu Hausgenossen des Menschen geworden waren. Schwalben zu verzehren war schon in Mose 3, Cap. 11,18 verboten.

d) „Delli fruttaroli et quelli che vendono frutte per la terra.“

(Von den Obst- und Gemüsebauern und denen, die Obst und Gemüse in der Stadt verkaufen.)

Erst seit dem Jahre 1516 unterziehen die Proveditoren den Früchte- und Gemüsehandel ihrer Kontrolle.

Zwischen 1516 und 1545 erscheinen mehrere Verordnungen, daß Früchte schlechter Qualität nicht verkauft werden dürfen und besonders nicht naß gewordene Feigen. Diese sollen nur völlig reif gehandelt werden, so, wie sie vom Baum gepflückt seien. Daher dürfen sie auch nicht von einem Tag zum anderen aufbewahrt werden.

Einige Jahre später wird ausdrücklich für die Gärtner von Chioggia und Malamocco und für die Fruchthändler, sowie andere Ladeninhaber, wer es auch sei, verboten, faulige und verdorbene Melonen oder Gurken anzubieten. Wir wissen heute, daß Wassermelonen und Gurken ein guter Nährboden für pathogene Bakterien werden können, wenn sie aufgeschnitten auf dem Markt den Fliegen ausgesetzt werden. In Italien werden heute aufgeschnittene Melonen auf dem Markt mit Cellophan belegt.

Nötig wird dann noch, den unkontrollierbaren Verkauf vom Boot aus auf den Kanälen — heute wieder üblich — und im

Hausierhandel, besonders aber das Aufbewahren der Früchte für länger als einen Tag zu verbieten.

Erwähnt sei hier schließlich noch eine merkwürdige Verhandlung vom Juli des Jahres 1574. Es war die Meinung aufgekommen, „Capuzzo", Weißkohl (brassica alba), sei im Juli für den menschlichen Körper schädlich. Wahrscheinlich hatte sich wieder irgendein Gerücht verbreitet, das mit der Furcht vor der Pest zusammenhing.

Die Proveditoren beriefen eine Kommission von drei Ärzten aus dem Collegio der Physici, die einstimmig erklärten, wenn die Sonne im Sternbild des Löwen stünde, könne jede Art von Kohl ohne Gefahr genossen werden.

e) „Delli farine et formenti."
(Vom Mehl und Getreide.)

Schon seit dem Mittelalter, schon seit den Zeiten Sebastiano Zianis, war der Getreide- und Mehlhandel durch Anordnungen über das Abmessen und Durchmischen auf das Eingehendste geregelt. Alles eingeführte Getreide mußte in den „fondegi" (Fondaci), den Getreidespeichern des Staates, gelagert werden. Dort ging nach genau festgesetzten Formalitäten unter amtlicher Kontrolle der Verkauf seitens der „Mercadenti", der Großhändler, an die Kleinhändler vor sich, wie es für solche Speicherhäuser und Warenmagazine — auch für das Fondaco dei Tedeschi — unter anderem wegen der Einhebung der Abgaben geschah. Beide Kontrahenten hatten im Fondego ihre besonderen Lager.

Schon im frühen 13. Jahrhundert bestand nach einer Darstellung von Cecchetti [5] eine „scuola" der „venditori di frumenti et di altre biave". Außer dem Brotgetreide gehörten zu den „biave" auch die Hülsenfrüchte, Hirse und Sorghum. Eigenartiger Weise wurde Gerste nicht gehandelt.

Die Verkäufer beschworen mit dem Capitulare dieser Zunft, sie würden ehrenhaft „il frumento le biave ed i legumi" verwalten, die Käufer nicht betrügen, indem sie gute Ware oben auf den Haufen legten, sondern nur ein gleichmäßiges Gemisch verkaufen.

In der Konsequenz des Zianiedikts war auch für das Getreide das Aufstapeln großer Mengen verboten. Das hat aber keineswegs verhindert, daß einige Adelsfamilien mit dem Getreidehandel sehr reich wurden. Der Doge Andrea Vendramin, dessen schönes Grabmal von Antonio und Tullio Lombardo im Chor von S. Giovanni e Paolo steht, stammte aus einer solchen Familie.

Die Proveditoren hatten allen Anlaß, sich näher mit dem Getreidehandel zu befassen, als in den 90er Jahren des 15. Jahrhunderts viele Klagen beim Officio über das Fondego anhängig gemacht wurden, die erwiesen, daß der Handel dort an Schäden krankte, wodurch die Gesundheit des Volkes leiden konnte. Vielleicht war die Möglichkeit, Klagen bei einer amtlichen Stelle vorzubringen, eine der segensreichsten Folgen der Schaffung des Magistrato d. s.

Es wurde geklagt, es werde dort faules und stinkendes, muffiges Mehl verkauft. Die Stadt, meinten die Proveditoren, könne dadurch mit einem „pestifero morbo" inficiert werden, ausgehend von den armen Leuten, die solches Mehl zu ermäßigtem Preise kauften. Sie befahlen, daß weder im Fondego noch in den Läden faules oder riechendes, sondern nur einwandfreies Mehl verkauft werden dürfe. Verstieße jemand dagegen, so habe er ohne weiteren Proceß 50 Lire zu zahlen. Alles schlechte Mehl werde verbrannt oder ins Wasser geworfen. Der Denunciant bekäme die Hälfte der Strafsumme.

Späterhin wurde nötig, diese Bestimmungen noch im Einzelnen zu erläutern. Ein beliebter Ausweg in Zeiten von Brotmangel war, naß gewordenes Getreide unter dem Vorwand zu verkaufen, es würde nur als Hühnerfutter verwendet. Damit wurde es armen Leuten zu einem wesentlich verbilligten Preis abgegeben. Diese verwendeten es aber doch zum Kochen und zur Bereitung verschiedener Speisen, eine sehr gefährliche Möglichkeit, die Stadt mit dem „pestifero morbo" zu inficieren.

Darauf wurde der Verkauf und Wiederverkauf von feuchtem Getreide bei Strafe von 25 Lire überhaupt verboten und außer den üblichen Strafen das Ausschütten des Getreides ins Wasser angeordnet. Wo überhaupt in der Stadt solches Getreide angetroffen werden sollte, mußte es ins Wasser geworfen und der Besitzer bestraft werden nach dem Gutbefinden der Signori.

Voller Erfolg wurde nicht erzielt. Am 8. 1. 1519 muß erneut eingeschritten werden, als die Fondegieri wiederum verdorbenes Mehl von muffigem Geschmack zu erniedrigtem Preise an die Armen ausgegeben hatten. Das hatte erwiesener Maßen zu Erkrankungen Anlaß gegeben.

Nochmals wird festgestellt, weder die Auslieferer, noch die, welche Mehl im Fondego verkaufen, noch die Besitzer, Groß- oder Kleinhändler, dürften sich erdreisten, schlechtes Mehl zu verkaufen oder verkaufen zu lassen. (In der Formulierung solcher Verbote ist immer das Bestreben erkennbar, juristisch jede Möglichkeit eines Auswegs auszuschließen.) Den Großhändlern wird eine Strafe von 50 Dukaten — eine recht hohe Summe — auferlegt, den Verkäufern von 25 Dukaten, dazu alle übrigen Strafen.

Dem Einwand, feuchtes Mehl sei durch Erwärmen wieder einwandfrei gemacht worden, es sei dann weder faulig noch muffig, wird durch die Anordnung begegnet, solches Mehl dürfe erst verkauft werden, nachdem es zuvor im Officio zur Beurteilung vorgelegt sei. Das Officio werde dann seinen Preis im Verhältnis zum Preise guten Mehls festlegen, damit auf diese Weise das arme Volk nicht betrogen werde. Besitzer und Verkäufer verfallen andernfalls unter eine Strafe von 200 Lire, die ihnen sofort abgenommen werden.

Schließlich wird einige Tage später diese Verfügung noch dahin ergänzt, daß auch die „burchiere", die Barkenführer, und die Müller mit einer Strafe von 25 Dukaten belegt werden, wenn sie, was schon oft vorgekommen sei, gutes und schlechtes Mehl vermischen.

Aus allen diesen Verordnungen spricht ein tiefes Verständnis für den Wert guter Mahlprodukte für die Gesundheit, dazu die von dieser Regierung immer als eine ihrer wesentlichsten Pflichten verstandene Fürsorge für das einfache Volk.

f) „Delli casaruoli et luganegheri."

(Von den Käsehändlern und Wurstmachern.)

Aus nicht ersichtlichen Gründen sind in diesem Absatz des Capitulare zwei Gewerbe mit einander vereinigt, die praktisch keinerlei Beziehungen zueinander haben. Allerdings nimmt im Capitulare der Abschnitt über den Käsehandel nur einen sehr geringen Raum ein. Was hier über andere Milchprodukte und die Milchversorgung zusätzlich berichtet wird, ist der Mariegola der Pestrineri entnommen.

Die Proveditoren betonen in einer Verfügung vom 7. 5. 1532 noch einmal ihre Verpflichtung, Kraft der ihnen gegebenen Autorität dafür zu sorgen, daß in Venedig nur gute und einwandfreie

Ware verkauft werde, nicht schlechte, faule und nicht einwandfreie, damit die Käufer nicht betrogen und übervorteilt und dadurch in die Gefahr gebracht würden, mit einem „pestifero morbo" inficiert zu werden. Gegenstand dieser feierlichen Erklärung ist in diesem Falle aber lediglich der Käse. Den Käsehändlern wird unter Androhung der üblichen Strafen verboten, in ihren Läden bei S. Marco und am Rialto unter irgendeinem Vorwand auf den Auslagen (balconi) andere als gute Ware, süß oder gesalzen, feil zu halten.

Schlechte Ware, die nur dazu gut sei, „colla" (Leim) davon zu machen, müsse innerhalb des Ladens verborgen gehalten werden und dürfe niemandem gezeigt werden, es sei denn denen, die darnach fragen, um daraus Leim zu machen. Bekanntlich war es in früheren Jahrhunderten üblich, Leim für Holzarbeit aus einer Mischung von Kalk und Weichkäse herzustellen.

Die Verordnung gilt besonders auch für die Budenhändler auf der Piazza S. Marco und dem Campo S. Polo und anderswo im Weichbild der Stadt. Weder auf den Tischen noch darunter dürfen sie schlechten Käse vorrätig halten bei Strafe des Verlustes der ganzen Ware, der guten mit der schlechten, und Verkaufsverbot für sechs Monate.

Auffallend ist, daß weder im Capitulare I, noch bei Caogrosso, noch im Notatorio für jene Zeit von der Milch die Rede ist. Es könnte sein, daß sie für die Ernährung nicht die Bedeutung gehabt hat wie heute. Irgendwelche Befürchtungen haben sich aber jedenfalls an ihren Genuß im Gegensatz zu unseren Zeiten nicht geknüpft. Besonders fällt auf, daß man an irgendeinen Zusammenhang des Genusses von Ziegenmilch mit dem heute wohlbekannten Maltafieber noch nicht gedacht hat, obwohl kaum zweifelhaft sein kann, daß Brucellosen auch damals schon vorkamen. Aber an Fiebern ohne äußere Krankheitszeichen war ja kein Mangel und von einer Trennung solcher Krankheitsbilder war man noch weit entfernt.

Wahrscheinlich hielten die Proveditoren den Milchhandel für ausreichend überwacht durch die Zunft der „Pestrineri e vendi latte", der Stallhalter und Milchhändler.

Ihre uns vorliegende Mariegola beginnt zwar erst mit dem 30. 8. 1636, enthält aber reichlich Abschriften älterer Bestimmungen, die ihr Bestehen bereits für das 14. Jahrhundert bezeugen.

Abgesehen von Preisfestsetzungen im Jahre 1383 enthält sie aus dem Jahre 1448 eine Anordnung der Proveditoren di commun und der Justicieri zu Gunsten der in der Stadt mit ihren Familien wohnhaften Viehhalter gegenüber der Konkurrenz von „facchini" oder anderen Personen, die Vieh in der Umgebung der Stadt eingestallt haben und von außerhalb Milch in die Stadt bringen. Diese dürfen bei Strafe der Beschlagnahme und bei einer Geldstrafe ihre Milch nur am Rialto und bei S. Marco, sonst nirgends in der Stadt handeln. Dafür aber werden die in der Stadt wohnenden Viehhalter verpflichtet, das ganze Jahr hindurch die Stadt mit Milch zu versorgen, jedoch innerhalb der Stadt nur Milch zu kaufen oder zu verkaufen, die in Venedig selbst von ihnen erzeugt worden ist, bei gleicher Strafe.

In den späteren Jahrhunderten wird, wahrscheinlich wegen des immer steigenden Bedarfs, diese Verfügung revidiert und einzelnen Viehhaltern, die außerhalb, an der Brenta, ihr Vieh stehen haben, eine Licenz gegeben, ihre Milch nach der Stadt zu bringen. Aber ganz im Sinne des Zianiedikts wird energisch dagegen eingeschritten, als ein gewandter Bursche aus den Sieben Gemeinden bei einer Reihe anderer Viehhalter in seinem Wohnbereich an der Brenta deren Milch und Milchprodukte aufgekauft und in Venedig auf den Markt gebracht hatte. Jede Monopolbildung und Cartellierung war der Behörde ein Greuel. Ihm wurde eine hohe Strafe von 20 Dukaten auferlegt. Überhaupt war es verboten, vor Eintreffen in Venedig Preisvereinbarungen zu treffen.

Es folgen dann für die nächsten Jahre Verfügungen über die Abmessungen der Milchgefäße, deren es eine große Zahl gab.

Die Zunft hatte auch eine Kochprobe für Rahm (Capo di latte) eingeführt, die in Gegenwart des Gastalden und der Majorität der Zunftmitglieder abzunehmen war. Anscheinend hat es sich dabei unter anderem um Feststellung des Fettgehalts der Milch gehandelt.

Den Mitgliedern der Zunft war auferlegt, in der Stadt je einen „Chiappo", einen Trupp von sieben Ziegen, zu halten und mit ihnen zu den angemessenen und üblichen Zeiten „giusto l'antico uso", nach altem Brauch und für die Bequemlichkeit und den Bedarf des Volkes durch die Stadt zu ziehen. In Venedig wurden also, wie noch heute in kleinen Ortschaften Italiens, Ziegenherden durch die Stadt getrieben und unmittelbar für den Verkauf der Milch auf der Straße gemolken. Zu welchen Zeiten diese Bestimmung erlassen wurde, ist aus der Mariegola nicht ersichtlich. Aber noch am 11. 3. 1665 wird angeordnet, es sollten je vier Trupps zu 10 Stück durch die Stadt getrieben werden, wahrscheinlich durch jeden Viehhalter.

Es gab wohl genug Personen, die sicher sein wollten, frische Milch zu erhalten.

Diese Art der Milchversorgung hat sich auch in anderen Großstädten Italiens bis ins 19. Jahrhundert erhalten. Kotzebue berichtet von einer Reise 1805 nach Neapel, es würden dort milchende Kühe und Ziegen alltäglich vor den Häusern gemolken.

Erst im 17. Jahrhundert findet sich eine Bemerkung, die Milch sei ein „commestibile tanto periculoso alla corruzione", wobei offen bleibt, ob gemeint ist, gefährlich wegen der raschen Verderbnis oder wegen unzulässiger Manipulationen. Jedenfalls aber wird 1717 den Viehhaltern und Milchhändlern erlaubt, außer ihrem Laden auch die Hälfte ihrer „balconetti", wohl der Balkons im ersten Stock, offen zu halten, „per poter aver un respiro per la conservatione del loro latte e capodilatte", damit Milch und Rahm belüftet wären.

Um die Hälfte des 18. Jahrhunderts setzen modernen Auffassungen entsprechende Verordnungen ein. Aus Anlaß einer Viehseuche wird für die Einfuhr von Milchvieh in die Stadt eine „fede", ein Gesundheitspaß, ausgestellt von der Behörde des Herkunftsortes, verlangt. Diese „fede" muß aber im Officio zur Legalisierung vorgelegt werden. Ebenso ist bei der Ausfuhr von Vieh eine Gesundheitserklärung vorzulegen. Gleichzeitig wird noch einmal dem Viehhalter die Anzeigepflicht bei Erkrankungen des Viehs zur Pflicht gemacht. Die Zahl der vorhandenen und neu eingeführten Rinder muß gemeldet werden.

In Fällen von Viehseuchen müssen die kranken Tiere von den gesunden streng getrennt werden und für jede der beiden Gruppen müssen besondere Tierpfleger eingestellt werden, die nicht zusammenkommen dürfen. Jedes Erkranken eines Tiers ist zu melden. Im Fall des Umstehens darf mit dem Cadaver nichts geschehen. Er darf auch nicht ohne Beteiligung der Behörde vergraben werden. Die Seuchenerfahrung des Officio spricht aus jedem Satz.

Nur wenige, allgemein gehaltene Verfügungen des Capitulare I befassen sich mit der Zunft der Luganegheri, der Wurstmacher und Verarbeiter von gewissem Schlachtgut.

Auch hier genügten dem Gesetzgeber offenbar die sehr ausführlichen und gewissenhaft überwachten Regeln der Mariegola der Zunft.

Die eigenartig anmutende Bezeichnung der Wurstmacher als Luganegheri hat eine weit weit zurückreichende Geschichte. Sie bezieht sich auf nur ein einziges Produkt ihres Metiers, auf die

Luganeghe, kleine, dicke, durch den gleichen Darm zusammenhängende Würste, dasselbe, wie unsere Regensburger Würstchen. Daneben aber stellten dieselben Luganegheri auch Salami, Cervelados, Mortadelli, Salzizones, Figadetti, Sopressade und andere Wurstarten her. Woher die eigenartige Bevorzugung der Luganeghe? Das Rätsel löst sich, wenn in einer älteren, noch lateinisch gefaßten Verfügung der Justicia vecchia neben anderen Wurstarten von „Lucanicae" die Rede ist.

Lucanicae waren Würste aus Lucanien, also Würste, wie sie schon im Altertum eine Specialität von Lukanien und offenbar eine so beliebte Speise im Bereich des Römerreichs, auch in den seinem Sturz folgenden Jahrhunderten, gewesen waren, daß sich ihr Name in Italien bis heute erhalten hat und so zu sagen die Bezeichnung für Wurst schlechthin geblieben ist.

Vielleicht ist es nicht allzusehr phantasiert, anzunehmen, daß sich die Lucanicae, zwar nicht dem Namen, aber der Form und Bereitung nach auch erhalten haben in der Römerstadt, die in Deutschland ihr Leben und ihre Gestalt noch bis ins Mittelalter bewahrte und zur Hauptstadt der bayrischen Herzoge geworden war, in Regensburg als Regensburger Würstchen.

Die Mariegola der Luganegheri liegt uns vor in einer Niederschrift aus dem Jahre 1497. Darin sind aber ältere Verfügungen wiedergegeben, so eine Verfügung vom 14. 10. 1445. Der Pergamentcodex ist ausgezeichnet durch die Schönheit seiner Schrift. Leider sind die Miniaturen entfernt und auch ein Teil der Initialen, Goldbuchstaben auf farbigem Grund ist herausgeschnitten. Das erste Initial, ein A, ist reich verziert mit goldenen Arabesken auf rotem Grund.

Von den noch vorliegenden Mariegolen der Zünfte, die den Lebensmittelhandel betreffen, ist diese in ihrer Disposition und ihrem Inhalt nach das vollkommenste Musterbeispiel einer Mariegola. Möglicherweise war sie für die Abfassung der endgültigen Texte mancher späteren Mariegolen das Vorbild. Sie gibt den vollkommensten Aufschluß über Organisation und Wesen einer venezianischen Zunft sowohl was ihren ethischen, wie ihren wirtschaftlichen Gehalt anging.

Der besondere Wert dieser Mariegola liegt in der Ausführlichkeit, mit der in ihr auch über den Alltag des Lebens innerhalb der Zunft berichtet wird, über Conflikte und Kompetenzschwierigkeiten, über Anzeigen wegen Übertretung der Bestimmungen, selbst über ganze Processe. Was wir beim Studium gesetzlicher Bestimmungen und

Verordnungen vermissen, einen Einblick in die Kasuistik, hier ist er über längere Zeit hin möglich. Die Zahl der Übertretungen war nicht gering.

Als Beispiel für die gesetzlichen Formen, in denen eine Mariegola seitens der zuständigen amtlichen Stellen bestätigt zu werden pflegte, sei hier der Text der Bestätigungsurkunde vom 15. 11. 1498 wiedergegeben:

„In Collegio Magnificorum Dominorum Provisorum Communis, et Justiciarium Veterum. In quo fuerunt Magnifici et Spectabiles Viri Domini Bachalarius Zeno Eques, Dominicus Lauredanus, et Hieronymus Theupulo Dignissimi Provisores Communis Et Spectabiles Domini Joannes Quirino, Franciscus Valerius, et Marius da Lege Justitiarii Veteres Approbata et laudata et ratificate fuerunt omnia Capitula contenta in presente Matricula cum Reservatione tamen omnium Juriditionen, et ordinum Officij Becarie, qui aliqui noch derogantur, sed remanerant aut firmi et validi, prout ante ratificatione dictorem Capitulorum, et ordinum, quae Capitula, et Ordines observentur in totum, et per totum."

(Im Collegium der Magnificenten Herrn Proveditorum di Commun und der Justicieri der Justicia vecchia, wobei anwesend waren die Magnificenten und Spectabeln Herren Bachalarius Zeno, Ritter, Dominicus Loredan und Gerolamo Tiepolo, allerwürdigste Proveditoren di commun und die Spectabeln Herren Giovanni Querini, Francesco Valier und Marino da Lezze, Justiciarii veteres, wurden gebilligt, belobt und ratificiert alle Capitel, wie sie enthalten sind in der vorliegenden Mariegola unter Vorbehalt jedoch aller Rechtsgrundsätze und Verordnungen des Officio der Schlachthäuser, die nicht irgendwie aufgehoben werden, sondern bestätigt und gültig bleiben wie vor der Ratificierung dieser Capitel und Bestimmungen, welche Capitel und Bestimmungen in ihrer Gesamtheit beachtet werden sollen.)

Das Capitulare I bringt unter dem 5. 10. 1498 eine Verordnung, die, ohne auf Einzelheiten einzugehen, unmittelbar Bezug nimmt auf die Bestimmungen der Mariegola.

Es heißt darin: Eine „trista et pessima consuetudine", eine traurige und äußerst schädliche Gewohnheit habe sich eingeschlichen, daß die Luganegheri entgegen den Bestimmungen ihrer Mariegola nach ihrem Gutbefinden allerhand Fleischarten in die Luganeghe hineinarbeiteten, die verboten seien. Das sei Betrug und Verfälschung und schlecht für die Gesundheit der Stadt. Wenn also in Zukunft die Luganegheri, Fruttaroli oder irgend jemand Luganeghe, Boldoni, oder Figadetti verkaufe oder verkaufen lasse, die entgegen den Bestimmungen verfälscht seien, so verfiele er unter eine Strafe von 25 Dukaten, ausgepeitscht zu werden von S. Marco bis zum Rialto und für immer aus der Zunft ausgestoßen zu werden. Die Ware würde verbrannt auf der Piazza S. Marco. Eine Begnadigung sei ausgeschlossen. Außerdem würde das Vergehen allen Leuten bekannt gemacht und müsse in die Mariegola eingetragen werden.

Soweit das Capitulare I.

Aus der Mariegola erfahren wir, daß diese Zunft mit dem staat lichen Schlachtbetrieb nichts zu tun hatte. Die Luganegheri waren selbständige Schlächter, denen ausschließlich das Schlachten von Schweinen zustand und die nur insofern mit der Beccharia zu tun hatten, als sie anderes Fleisch und Innereien, die sie in einem Teil ihrer Ware verarbeiteten, von dort zu beziehen hatten. Aus mehreren Niederschriften in der Mariegola aber ist zu erkennen, daß sie sich gegen eine Beaufsichtigung durch Beamte des Schlachthauses des öfteren und meistens mit Erfolg verwahrt haben. Die Zunft hatte ihre eigenen Soprastanti.

In der Tat waren das wichtigste ihrer Arbeit die Luganeghe. Für diese Würste galt damals und gilt bis heute, daß sie mit allen Zutaten also auch, was Fett und den Darm angeht, ausschließlich vom Schwein stammen dürfen. Jedes Hinzufügen von Rindfleisch war verboten. Alle Anklagen und Denunciationen beziehen sich immer wieder hierauf. Schon die Verwendung von anderem Darm wurde bestraft. Und war es bewiesen, so wurde der Fälscher, mit den Würsten um den Hals gehangen, der obigen Auspeitschung unterzogen.

Bei anderen Wurstarten war ein Anteil von $^1/_4$ einwandfreien Ochsenfleisches „nach Gesetz und Gewohnheit", zu den sogenannten Salzizone, Salami, Cerveladi, Sopressade, großen Preßwürsten, durch die Mariegola zugestanden. Aber auch bei der Herstellung der „Boldoni", Blutkuchen, der unter Zufügung von Milch und Specereien hergestellt wurden, war ausschließlich die Verwendung von Schweineblut vorgeschrieben, ebenso bei der Herstellung von Leberwürsten die ausschließliche Verwendung von Schweineleber.

Die Gefahr des Genusses trichinösen Fleisches war unzweifelhaft bekannt. Darauf bezieht sich das Verbot der Verarbeitung von

„carne graminose", mit Körnchen besetzten Fleisches. In der Tat sind Trichinellen, wenn sie in den Zustand der Verkalkung gelangt sind, mit bloßem Auge als feine Körnchen erkennbar. Die Bezeichnung „carne graminose" ist nach Auskunft von Fleischern in Venedig noch heute gebräuchlich und bezieht sich ausschließlich auf Schweinefleisch. Zugleich findet damit ein Verbot seine Erklärung, das in der Mariegola ohne weitere Begründung erscheint, das Verbot, ältere, nicht kastrierte Eber zu schlachten. Solche alten Eber, bekanntlich bewährte Rattenfänger in den Schweinekoben, die also die beste Gelegenheit haben, sich an den Trichinen der Rattenpopulation zu inficieren, waren wahrscheinlich schon oft als Träger der „gramina" festgestellt worden.

Es würde zu weit führen, auf alle Einzelbestimmungen der Mariegola über die Herstellung der Wurstware, etwa, was nur im Darm, was ohne Darm eingesalzen werden dürfe, auf die Bestimmungen über das Abwiegen der Schweine usw. einzugehen.

Erwähnt sei hier nur eine auf den ersten Blick sonderbar erscheinende Bestimmung der Mariegola, die verbietet, aus Gewinnsucht Schweine zu schlachten vor den „temporali", den Gewittern von S. Mattheo, was im September der Fall sei. Bei einem Schlachten vor dieser Zeit sei das Fleisch schädlich und unzuträglich für den menschlichen Körper.

Diese Auffassung scheint in weiten Teilen Europas seit langem und noch lange nachher bestanden zu haben. Sie hat auch für nördliche und kühlere Gebiete noch in der zweiten Hälfte des 18. Jahrhunderts gegolten. Bei J. P. Frank [11] findet sich dafür eine Erläuterung: „Auch ist es eine löbliche Gewohnheit", schreibt er „daß man zur Sommerzeit keine Schweine schlachten und das Fleisch feilbieten lasse, weil dieses Tier vorzüglich von der Hitze leidet und alsdann mehreren Krankheiten unterworfen ist und sein Fleisch vermöge seiner fäulichten Nahrung doch einigen vorzüglichen Hang zur Fäulung haben dürfte, auch durch sein Fett schaden kann." An anderer Stelle spricht Frank vom ungesunden Verkauf allzu junger Milchschweine oder Spanferkel. Er erwähnt auch die vielen Haut- und Drüsenkrankheiten der Schweine, sowie die Finnen, Geschwülste, Entzündungen, besonders des Halses und öftere Vereiterung der Eingeweide, welche den Genuß ihres Fleisches ungesund oder doch ekelhaft machen können.

Es sei daran erinnert, daß Fettgenuß in reiner Form und in großer Menge in der warmen Jahreszeit und in warmen Länder dem Europäer widersteht. Wir haben das ausgiebig bei der anfangs ganz verfehlten Feldverpflegung unserer Truppen in Nordafrika während des zweiten Weltkrieges erfahren können.

Die in früheren Jahrhunderten alles andere als veterinär-hygienische einwandfreie Schweinehaltung — das Schwein war eben ein Schwein — konnte wohl Anlaß genug gegeben haben, zu häufigem Auftreten von Rotlauf, womit jene Bedenken gegen Genuß von Schweinefleisch im Sommer eine weitere Begründung gehabt hätten.

Auch in dieser Zunft wurden die uralten Bestimmungen des Zianiedikts gegen jede Art von Monopol streng befolgt. Kein Luganegher durfte mehr als drei Schweine auf einmal kaufen und schlachten, keiner durfte etwa unter Heranziehung von Familienmitgliedern mehrere Läden eröffnen, damit, heißt es, „alle aus unserem Metier gleiche Lebensbedingungen haben und der Reiche den Armen nicht ersticken kann, indem er den Anteil seines armen Genossen kauft und an sich zieht". Der Ankauf durfte daher nur durch Vermittlung des Gastalden erfolgen.

Die Einstellung von Lehrlingen aus der eigenen Familie war an das 15. Lebensjahr gebunden. Bastarde konnten zugelassen werden, wenn für sie das dreifache Zulassungsgeld, drei Dukaten, bezahlt wurde. Ausnahmen waren, wie auch in anderen Zünften, zugelassen, wenn bei frühzeitigem Tod des Vaters die Erhaltung der Familie und des Betriebes in Frage gestellt war. In solchen Fällen durfte die Witwe mit jüngeren Söhnen den Betrieb weiterführen.

Über die Gesellenprüfung, bzw. Meisterprüfung enthält die Mariegola eine interessante Niederschrift.

Die Zunft war aber in gewisser Hinsicht in Bezug auf die Arbeitsweise ihrer Angehörigen nicht einheitlich. Zu ihr gehörten die Luganegheri, die nur Würste herstellten, die Tripperi, die Innereien verarbeiteten und solche Mitglieder, die beides betrieben.

Jahrzehntelang war die Herstellung und der Verkauf von Trippe eine viel umstrittene Frage. Es war das ein Gericht aus Kutteln und andere „menuzami", Eingeweidebestandteilen, Därmen und Innereien, die, gesäubert und feingeschnitten zu Suppen verarbeitet, als Lebensmittel dienten, wohl das gleiche, was wir unter „Königsberger Fleck" verstehen.

Diese Trippe waren in Venedig ein wichtiger Bestandteil der Ernährung des armen Volkes, „a beneficio della povertà et del populo di questa città". In einer Eingabe der Tripperi, der Gruppe der Luganegheri, die überwiegend sich mit der Herstellung von Trippe befaßten, heißt es, die armen Leute, die Trippe kauften, ersparten dabei das Feuerholz und bekämen eine Suppe, die gewürzt und gut gekocht sei.

Von jeher bestand anscheinend innerhalb der Zunft ein starker Gegensatz zwischen den Luganegheri sensu strictiori, den wohlhabenderen Zunftsmitgliedern, und den Tripperi, den wirtschaftlich Schwächeren.

Am 13. 11. 1519 war in die Matrikel eine ergänzende Bestimmung aufgenommen worden, Trippe dürften nicht im gleichen Raum mit Luganeghe hergestellt und verkauft werden. Auch andere gekochte Eingeweide dürften nicht im gleichen Raum der Bottega, der Werkstätte und des Ladens, wenn auch in derselben Bottega verarbeitet und verkauft werden. In der Bottega sollte der Abstand zwischen beiden Räumen mindestens sechs Schritte betragen. Dazu hatte zuvor auch in Capitel 36 der Mariegola eine Bestimmung gegolten, Trippe dürften nicht zur gleichen Zeit mit Luganeghe hergestellt werden.

Das war eine Anordnung, der man vom heutigen hygienischen Standpunkt durchaus zustimmen würde, eine Vorbeugung der Möglichkeit einer Botulinusinfektion der Würste durch Eingeweideinhalt. Vielleicht lagen, wenn man von den inneren Ressentiments in der Zunft absieht, irgendwelche Erfahrungen über Verderb von Würsten durch die zu nahe Beziehung zur Verarbeitung der Innereien vor.

Aber schon 1522 wurden diese beiden Bestimmungen wieder aufgehoben und erlaubt, Luganeghe und gekochte Innereien im gleichen Raum zu bearbeiten und zu verkaufen. Jedoch führte der Gegensatz zwischen den reinen Wurstmachern, die keine Trippe herstellten, und der Gruppe in der Zunft, die auch Trippe oder sogar überwiegend Trippe oder ausschließlich Trippe zum Verkauf brachte, zu weiteren schweren Gegensätzen.

Die Luganegheri s. str. hatten die Unterstützung der Justitieri und der Signori der Schlachthäuser und erreichten, daß, trotz der Aufhebung der Bestimmung von 1519, den Tripperi Schwierigkeiten gemacht und Strafen auferlegt wurden.

In einer großen Eingabe beim Rate der X, also der höchsten Aufsichtsbehörde, legen die Tripperi mit beweglichen Worten dar, jene alten Bestimmungen seien nie durchgeführt worden, vielmehr 1522 endgültig aufgehoben worden, weil sie schädlich, unvorteilhaft wären für die Verkäufer von „menuzami" bei den Schlachthäusern. Die seien auch überflüssig, es sei denn, um Unterschleif bei der Herstellung der Luganeghe zu verhindern. Dagegen aber gebe es ja strenge Strafen. Und nach dem Motto „Die beste Parade ist der Hieb", — würden wir heute sagen — raten sie dazu, die Nichtbefolgung der Bestimmungen und Gesetze über die Herstellung der Luganeghe sollte allerdings bestraft werden, sogar mit Verdoppelung der Strafen.

Es sei dann aber 1528 jener Aufhebungsbeschluß widerrufen worden und die Signori Justicieri vecchii führten fort, sie auf Grund jener alten Verordnungen zu verurteilen mit der Absicht, es sollten Trippe und Luganeghe nur als vollständig getrennte Ware hergestellt und verkauft werden. Sie aber hätten von jeher das eine wie das andere getan, zum großen Wohl der Armut und der Fremden. Sie hätten kein Bestehen (non potriamo viver), wenn sie nicht mit dem einen, wie mit dem anderen Metier eine Möglichkeit gegenseitiger Aushülfe hätten. Wenn sie selbst Luganeghe nach den gesetzlichen Bestimmungen fertigten, warum sollten sie dessen beraubt und bestraft werden?

Daher beantragen sie eine endgültige Regelung und einen Auftrag an die Behörden, ihre Beschwerden zurückzustellen und zu handeln, wie es dem Wohl des Gemeinwesens nützlich sei. Vor allem sollten die Signori der Justicia vecchia nicht mehr das Recht haben, sie zu belästigen. „Humiliter e flexis genibus", untertänigst und mit gebogenen Knien, empfehlen sich „ditti poveri supplicanti cum sue famiglie", die armen Antragsteller mit ihren Familien, den Excellenten Herren.

Die Mariegola spricht nicht davon, wie entschieden wurde. Der Entscheid scheint aber günstig gewesen zu sein, denn die Streitfrage erscheint in der Zukunft nicht mehr in den Blättern der Mariegola.

Zu Gunsten der Zunft als Ganzes wurde einige Jahrzehnte später auch entschieden, als sich die Aufsichtsbeamten der Justitia nuova bei der Prüfung der Betriebe auf Befolgung der Zunftbestimmungen eine kleinliche Auslegung angewöhnt hatten, die an Schikane grenzte.

Gewiß war es den Luganegheri vorgeschrieben, in den Luganeghe nur Schweinefleisch zu verarbeiten, aber für andere Würste war die Beifügung von Rindfleisch in gewissem Verhältnis zugelassen und von anderem Fleisch war in der Mariegola überhaupt nicht die Rede.

Jetzt wollten die Soprastanti der Justicia nicht zulassen, daß die Luganegheri Rindfleisch im Hause hätten und nähmen es ihnen bei einer Kontrolle vollständig fort. Noch kleinlicher und als höchst ungerecht würde empfunden, daß sie zu Weihnachten etwa eine Ente beschlagnahmten oder zu Pfingsten ein Stück

Lammfleisch oder in Krankheitsfällen ein Hühnchen, wie es doch, klagen sie, für jeden Menschen üblich sei.

Dabei erfüllten sie, die Klagenden, wie sie betonen, doch in Notzeiten des Staates ihre Kriegspflichten, indem sie dem Dogen Männer für die Galeeren zur Verfügung stellten und andere Belastungen auf sich nähmen.

Der Klage wurde stattgegeben. Vielleicht hat es dabei einige Wirkung gehabt, daß sie in ihrer Klageschrift berichten, einer der Ihrigen sei, als man ihn vorgerufen habe, vom Schlag getroffen worden, „a tal che vien ad esser rimasto un corpo senza anima" so schwer, daß er als ein Körper ohne Seele zurückblieb.

Überhaupt entsprach es dem Gerechtigkeitssinn der venezianischen Behörden, daß bei aller scharfen Aufsicht über die Arbeit der Zunftsmitglieder Übergriffe im Verhalten der Aufsichtspersonen nicht geduldet wurden. Es war ihnen verboten, in den Läden der Luganegheri von jeder Wurstsorte mehr als zwei Stück anzuschneiden. Schnitten sie mehr an und diese erwiesen sich als gut, so hatten sie sie zu bezahlen, und wenn im Gesamtbestand der aufgehängten Wurstwaren nur zwei oder drei als verdorben gefunden wurden, so sollte keine Verurteilung erfolgen, es sei denn die Beschlagnahme dieser Stücke.

Ohnehin war bei der Kontrolle der Läden und Rauchfänge so zu verfahren, daß von suspekter Ware eine Probe entnommen werden mußte und daß diese Proben, bezeichnet mit dem Namen der Luganegheri in einem Korbe zum Officio gebracht werden sollten, um dort von einem Sachverständigen begutachtet zu werden.

Über Jahrzehnte hat sich ein Streit hingezogen, wem das Recht auf den Verkauf von „ontosil" (unctum sottile = Schweineschmalz) zustehe, ob allein den Luganegheri, wie ursprünglich auch in der Mariegola festgelegt, oder auch anderen Händlern. Zunächst bekamen die Frucht- und Gemüsehändler die Genehmigung, Ontosil in kleinen Mengen zu verkaufen, aber nur außerhalb der Märkte von S. Marco und am Rialto und nur in ihren Läden.

Anscheinend ist es aber unvermeidlich gewesen, schon weil auch die Milchhändler Ontosil in der Form von Butterschmalz anboten, den Schmalzverkauf vollständig freizugeben. Jedermann durfte schließlich Ontosil verkaufen, noch dazu, je nach Gutbefinden, nach Schätzung oder nach Gewicht. Wohl aber sollten sich die Luganegheri weiter an die Bestimmungen ihrer Mariegola halten.

Im Ablauf der Jahrzehnte lockern sich die Grenzziehungen der Zünfte untereinander. In einer Zeit des Kerzenmangels, 1543, wird der Zunft der Luganegheri erlaubt, Unschlittkerzen herzustellen, bei Strafe aber nicht aus Schweinefett, sondern nur aus reinem Talg, aus „puro seddo". Eine Verfügung vom 12. 1. 1486 hatte es ihnen ausdrücklich untersagt. Allerdings wurde ihnen auch jetzt noch verboten, die Kerzen im Kleinhandel zu vertreiben, sondern befohlen, sie nur en gros zu verkaufen und zwar für nicht mehr als 6 Soldi per Pfund. Strafen von 25 L waren in Aussicht gestellt, wenn ihre Ware nicht gut und einwandfrei sei.

Um 1553/54 kommt es zu einer Diskussion darüber, ob es den Luganegheri officiell zugestanden werden soll, an Festtagen (Quaresima, Venere, Sabbato) auch kleine Fische gekocht oder gebraten zu verkaufen. Es wird sich um die unter dem Namen „fritto misto" verkaufte Speise gehandelt haben. In ihrer Eingabe sagen die Luganegheri, seit Menschengedenken sei es schon so gehalten worden, entsprechend der gewohnten Barmherzigkeit der Regierung gegenüber dem Volk und entsprechend der „pia justitia". Sie hätten an den genannten Tagen schon immer kleine Fische der „povertà" verkauft, ohne daß es zu Beschwerden und Behinderung gekommen sei. Das möchte jetzt gesetzlich festgelegt werden.

Offenbar weil es um ein billiges Volksnahrungsmittel ging, wurde dem Antrag von den „Sette Savij", einer Gruppe des Collegio des Senats, stattgegeben. Es durften aber nur kleine Fischchen sein. Ein gleicher Antrag wurde den Frucht- und Gemüsehändlern abgeschlagen.

In einem sehr modern anmutenden Kapitel der Mariegola wird die Generationsfrage behandelt. Wie in allen anderen Zünften, heißt es, gebe es auch in dieser Zunft mehrere Generationen und daher auch verschiedene Gewohnheiten, Auffassungen und Handlungsweisen. Da gebe es nun solche Leute, die ohne Gewissen, Furcht und Schamgefühl in ihren Läden sich nicht scheuten, schlechte, nicht einwandfreie Ware zu verkaufen. Käme ein Käufer dann zurück und beschwerte sich, so wollten sie weder die Ware zurücknehmen noch das Geld zurückgeben, vielmehr machten sie viele Worte und Lärm gegen jeden Anstand. Das wäre eine Schmach und eine Belastung für die anderen Zunftgenossen.

Leider gebe es in der Mariegola keine Bestimmung, die solch ein Verhalten verböte. Im Belang einer guten Bedienung und damit niemand betrogen werde und Ursache habe, sich zu beklagen, schlagen daher die Gastalden und ihre Compagni einen Beschluß vor, der das Verhalten von Käufer und Verkäufer zueinander genauestens regelt für den Fall, daß die Ware nicht einwandfrei sei. Unweigerlicher Umtausch der Ware ohne Streit und Widerrede, wenn der Käufer sie zurückbringt. Hat der Käufer sie nicht zurückgebracht und keinen Umtausch versucht, so kann er den Luganegher nicht anzeigen und dieser kann durch keine Behörde verurteilt werden. Hat der Käufer die Ware aber zurückgebracht und der Verkäufer wolle den Umtausch verweigern, so könne jener Zeugen aufrufen, damit jeder die Wahrheit erkennen könne. Hat er aber ohne weiteres den Umtausch verweigert, so verfällt er in eine Strafe von 25 Lire, die der Kassier der Justicia vecchia einzieht und in der üblichen Weise verteilt.

g) „Dell'olio."

(Vom Öl.)

Das Capitulare I von 1541 enthält keinerlei Bestimmungen über den Handel mit Öl, eine zunächst in Hinblick auf die Lebensnotwendigkeit des Öls für die menschliche Ernährung sonderbar erscheinende Unterlassung.

Einmal allerdings hat nach Ausweis des Notatorio I sich der Magistrato d. s. mit dem Öl befaßt, in einer Verfügung vom 5. 9. 1498, die dann in das Capitulare garnicht und von Caogrosso nur als eine kurze Notiz in sein Repertorio aufgenommen wurde.

Darin heißt es, dem Officio seien auf verschiedenen Wegen Mitteilungen zugegangen, es werde in der Stadt Öl von minderwertiger und ganz schlechter Qualität verkauft aus Häusern, in denen sich Personen befänden, das das „mal francese" gehabt hätten oder noch hätten. In diesem Öl seien Unreinlichkeiten aller Art vorhanden.

Da dies eine gefährliche Sache sei für die Gesundheit der Stadt, wird allgemein bekannt gemacht, daß jeder, wer es auch sei, der sich erdreiste, dergleichen Öl zu verkaufen, sofort eine Strafe von 100 Lire zu bezahlen habe. Sollte ein Sklave oder eine Sklavin einen solchen Verkäufer anzeigen, so sollen sie, falls es sich als wahr erweist, frei werden und die Hälfte der Strafsumme bekommen. Ein Diener und eine Dienerin haben in solchem Falle Anspruch auf ihr Gehalt so, als hätten sie ihre Dienstzeit beendet. Auch sie bekommen die Hälfte der Strafsumme, entweder aus dem Besitz des Beschuldigten oder, wenn er nichts habe, aus der Kasse der Signoria. Die andere Hälfte der Strafsumme kommt den Lazaretten zugute.

Die Verordnung beleuchtet, wie verschiedene Möglichkeiten der Übertragung der Syphilis damals unter dem Eindruck ihres Hereinbrechens in Betracht gezogen wurden, zugleich aber auch zeigt ihr Verschwinden aus dem Capitulare, daß die Annahme einer Übertragung durch das Öl bald wieder aufgegeben wurde.

Der Verdacht, das Contagium der Seuche könne übertragen werden durch Öl, in das etwa ein Kranker seine Hand gesteckt habe, um seine Schwären mit dem Öl zu benetzen, daß also die Syphilis damals als eine Schmutzkrankheit angesehen wurde, könnte als eine Stütze gewertet werden für die seit etwa 30 Jahren viel diskutierte Ansicht, zumindest ein Teil der damaligen luetischen Erkrankungen seien nicht Syphilis, sondern Framboesie gewesen, die ja in der Tat eine Schmutzkrankheit ist. Die Vermutung einer genitalen Übertragung der Syphilis wurde in jenen Jahrzehnten in Venedig, selbst in den Verordnungen über die Prostituierten, nicht erwähnt, auch nicht in den Akten über die Errichtung des Hospitals für die Syphilitiker, das „ospedale delle incurabili", und in der Verordnung über die Zwangsinternierung darin.

Der Ölhandel fiel nicht unter die Kompetenz des Magistrato d. s.

Schon 105 Jahre nach dem Edikt des Dogen Sebastiano Ziani war für die Händler mit Öl und Fett, Schweinefleisch und Honig, die Ternieri, neben der Justicia vecchia eine besondere Aufsichtbehörde, die Ternaria errichtet worden (1273). Sie entwickelte sich im Laufe der Jahrhunderte ausschließlich zu einer Zentralstelle für den Öleinkauf und Ölverkauf, anscheinend in gleicher Form, wie es die Fondegi für den Getreidehandel waren und wie es an anderen Umschlagplätzen des Handels überhaupt üblich war. Die Ternaria war eine Behörde mit der gleichzeitigen Aufgabe der Überwachung des Handelsgebarens und der Erhebung der Abgaben.

In doppelter Hinsicht war das Öl eine lebensnotwendige Ware, als Lebensmittel und als Beleuchtungsbrennstoff. Man hat sich vorzustellen, daß die Straßenbeleuchtung Venedigs jener Zeiten lediglich aus den kleinen Lämpchen bestand, die an vielen Stellen der Stadt, vor den nahe den Brücken in Nischen angebrachten Heiligenbildchen aufgestellt waren und von frommen Seelen mit Öl versehen wurden.

Die „terra ferma", der Festlandbesitz Venedigs, war mit ihren fruchtbaren Ebenen kein Olivenland. Butter kam wahrscheinlich in noch weit geringerer Menge auf den Markt wie heutzutage, wo der

Butterverbrauch Italiens gegenüber der Verwendung von Öl eine fast zu vernachlässigende Größe ist.

Das Öl war Importware und damit war notwendigerweise der Handel damit Gegenstand der Überwachung durch den Staat. Ihm lag die Entscheidung ob über die Höhe der zu importierenden Mengen, das Verfahren gerechter Verteilung, die Garantierung der Qualität der Ware und die Erhaltung dieser Qualität, bis sie in die Hand des Verbrauchers gelangte. Die Ware kam aus dem Ausland und war in heutiger Ausdrucksweise mit Devisen zu bezahlen. Es wird zu Zeiten geheißen haben: Wichtiger als Öl sind uns Schiffe!

Nicht wahrscheinlich und nirgends ist belegt, der Staat habe den Ölhandel monopolisiert, etwa im Sinne einer neuzeitlichen Tabaksregie, und daraus wesentliche Gewinne gezogen. Als Staat hatte Venedig aus dem Salzmonopoel sehr erhebliche Einnahmen, aber diese flossen ihm zu aus dem Ausland. Dem Staatsvolk selbst eine Belastung dieser Art über den Datio, die übliche Abgaben hinaus aufzuerlegen, hätte der Grundeinstellung der Signoria als des für das Wohl seiner Mündel verantwortlichen Vormunds widersprochen. Hier ging es darum, die unvermeidliche Regelung des Imports mit der Fürsorge für die Lebensbedürfnisse des Volksganzen in Übereinstimmung zu bringen.

Die Ternaria arbeitete zusammen mit der „scuola dei venditori d'olio e sapone", von der eine Mariegola vom Jahre 1597 mit schönen Miniaturen vorliegt. Sie ist eine der Quellen für die nachstehenden, nicht allzu ergiebigen Tatsachen. Seit wann sie bestand habe ich nicht feststellen können, doch wird in der Mariegola eine Verfügung vom 7. 10. 1444 erwähnt und nach CECCHETTI [6] reicht ihr Bestehen wohl weit zurück. Er erwähnt eine Verfügung vom 1. 10. 1300, in der bestimmt wurde, das Öl aus Apulien dürfe nicht mit dem aus den Marken vermischt werden, wohl aber mit dem Griechenlands (Romania). Gründe nicht ersichtlich.

Verboten war, Öl aus den Vorräten der Seifenfabriken zu kaufen, da dies Öl bekanntlich ganz gewöhnliches Öl und mit Essenzen vermischt sei.

Öl mußte klar, hellgelb sein und unvermischt. Es mußte in öffentlichen Geschäften und bei S. Marco und am Rialto innerhalb des Ladens in Gefäßen (urne) und nicht außerhalb der Läden zum Verkauf gestellt werden.

CECCHETTI [6] erwähnt, schon am 5. 10. 1228 sei den Ternieri verboten worden, am Rialto Feuer anzumachen, um Öl zu erwärmen.

Um der Brandgefahr zu begegnen — damals war Venedig noch eine überwiegend aus Holz gebaute Stadt — war überhaupt verboten, Öl an glühenden Kohlen flüssig zu machen, aufzutauen.

In der Ternaria waren „sagomadori", Abfüller, und „misuratori", Meßbeamte, angestellt. Abmessungen und Form der Behälter waren festgelegt. Allmonatlich setzten die Proveditoren der Ternaria den Ölpreis fest. Nur nach ihm durfte das Öl verkauft werden. Außerdem bestimmten die Signori der Ternaria, wieviel von den eingeführten Ölvorräten der Ternaria jedem einzelnen Sestiere der Stadt consigiert werden sollte. Hiernach wurde den Ölhändlern ihr Bedarf zugemessen.

Die Sagomadori und Misuratori durften keine Gefäße anerkennen, über die zwischen Verkäufer und Käufer beim Verkauf durch Vermittlung der Ternaria kein Einverständnis bestand. Das Öl wurde dort in „martelli", in Gefäßen verhandelt, die mit einer Plombe gestempelt waren mit dem Zeichen des S. Marco. Das Nichtvorhandensein einer Plombe auf einem in den Handel gekommenen Gefäß zog einen Process nach sich, über den in der Mariegola ausführlich berichtet ist.

Caogrosso erwähnt eine Verfügung vom Jahre 1553, nach der in der Ternaria von jeder an einen Ölhändler verkauften Ölmenge eine „ampolla", gesiegelt mit S. Marco, aufbewahrt werden mußte und nicht berührt werden durfte, bis die betreffende Ölmenge vollständig verkauft war, eine Sicherung gegen jede Art von Reklamation. Die Strafe der Nichtbefolgung dieser Anordnung sowohl für die Sagomadori, wie für die Mercadenti, die Großhändler, war eine Zahlung von 100 Dukaten.

h) „Delli vini et delle magazeni."

(Vom Weinhandel und den Weinlagern.)

Die erwähnte Schrift von Cecchetti „le industrie in Venezia" [6], die alles behandelt, was aus den Mariegole der Zünfte seit dem Edikt Sebastiano Zianis ersichtlich ist, erwähnt nichts von Erlassen, die den Weinhandel betreffen.

Die Unangreifbarkeit Venedigs, die geopolitische Lage einer Stadt, die vollkommener als durch Mauern geschützt war durch die Wasserflächen der Lagune, war erkauft durch das bedrohliche Fehlen dessen, was zu den elementarsten Lebensbedürfnissen des Menschen gehört, des Wassers. Venedig war, wie einer seiner

Staatsgeschichtsschreiber treffend sagt, eine „Stadt im Wasser ohne Wasser“. Schon um 1500 aber lebten in ihr, auf engem Raum zusammengedrängt, an 125 000 Menschen [1].

Der Regenfall über dem sich stetig verengernden Wohnraum kann für die Versorgung der Stadt mit Trink- und Gebrauchswasser schon früh nicht ausgereicht haben. Zahlreiche Erlasse aus Notzeiten oder über die Versorgung staatlicher Einrichtungen erweisen, daß bei der Ausgabe von Lebensmitteln an größere Menschengruppen, auch z.B. in den Lazaretten, eine ausreichende Portion von Wein niemals fehlte, daß sie eine Selbstverständlichkeit war. Wein gehörte in Venedig nicht weniger wie das Wasser zu den lebensnotwendigen Bedürfnissen seiner Bewohner. Noch heute ist in den nicht vom Tourismus angekränkelten Gegenden Italiens der Tischwein ein selbstverständlicher, nicht abzugeltender Anteil jeder Mahlzeit.

Die lebensnotwendige Bedeutung des Weins als einwandfreies Getränk findet ihren Ausdruck auch in der feierlichen Form, mit der die erste große Verordnung des Magistrato d. s. vom 27. 9. 1498 hierüber eröffnet wird, die sich mit der Qualität des Weins und dem Weinhandel befaßt.

„Man muß sich dessen bewußt sein, daß zu den wichtigsten Dingen, die Bezug haben auf die Gesundheit des Volkes dieser Stadt, die Weine gehören. Wenn sie rein und ohne irgendeinen Zusatz (conza) sind, tragen sie bei zur Gesundheit des Leibes. Im Gegenteil, wenn die verfälscht sind, werden sie zur schlimmsten Ursache, die Menschen ungesund zu machen und verschiedene Krankheiten zu verursachen durch die Zusätze, die einem solchen Wein hinzugefügt sind.

Um einem solchen Betrug seitens derer zu begegnen, die sich erdreisten, solche Schurkerei mit dem Wein vorzunehmen, wird hiermit bekannt gemacht, daß alle Kaufleute (mercadenti), von welcher Art und Stand (condition et grado) sie auch seien, — auch adelige Kaufleute sind damit gemeint — die mit Wein handeln und Weine in unserer Stadt verkaufen oder verkaufen lassen, sei es auf den Kanälen (Weinverkauf vom Boot aus) oder in Läden oder anderswo, innerhalb von drei Tagen außen an ihren Booten oder Läden eine Tafel mit großen, dicken und deutlichen Buchstaben anzubringen haben, auf der specificiert und genannt ist, welche Weine sich auf diesem Boot oder in diesem Laden befinden, d.h. woher diese Weine sind.

Unter keinen Umständen dürfen auf den Booten und in den Läden Weine feilgehalten werden, die aus verschiedenen Orten stammen, sondern nur solche, die aus ein und demselben Ort geholt sind. Auch dürfen in diese Weine, sei es in der Stadt, sei es dort, woher sie besorgt wurden, nicht irgendwelche Zusätze getan werden außer vom Ei, um den reinen gekochten Wein (cotto) zu klären, bei allen Strafen, die durch unsere Gesetze und Verordnungen aufgestellt sind und außerdem derjenigen, welche die Magistrati della sanità kraft der ihnen vom Excellenten Consiglio der Pregadi (dem Senat) verliehenen Autorität zum allgemeinen Heil und Nutzen öffentlich bekannt gemacht haben, nämlich, daß jeder Händler oder andere, die Wein verkaufen oder in der Stadt verkaufen lassen, wenn sie gegen die obige Verordnung verstoßen, unter die Strafe verfallen, 50 Lire in kleiner Münze (pizoli) zu zahlen, 6 Monate strenger Haft, und daß die Weine, gute wie schlechte, die bei ihnen auf ihrem „burchio, barcha, navilio, barcharo (vorsichthalber sind alle Bootstypen genannt) oder irgendeinem Fahrzeug oder innerhalb der Läden oder an anderen Orten und in den Gasthöfen unserer Stadt feilgeboten werden, beschlagnahmt werden. Die guten werden für die Wohltätigkeit und für die Klöster verteilt, wie die Signori für gut befinden. Die schlechten und verfälschten werden ausgeschüttet über die „gavarate", die Auslässe der Rialtobrücke. Außerdem verlieren die Händler die Barke oder das Schiff.

Die Hälfte der Strafsumme erhält der Ankläger, die andere bekommen die Lazarette. Wenn der Ankläger ein Sklave oder eine Sklavin ist, die die Sache bekannt machen, und wenn es sich als wahr erweist, so werden sie frei (franchi et liberi). Und wenn es „famiglie" (im ital. Sinne: Haushaltsmitglieder) oder Hausmädchen sind, so bekommen sie ihr Gehalt, als wenn sie ihre Dienstzeit beendet hätten. Und wenn es ein Faktor oder Faquino (Angestellte verschiedener Grade) oder jemand anderer von dem Boot ist, der den Zuwiderhandelnden anzeigt, so haben sie außer dem Anteil an der Geldbuße, der ihnen zukommt, noch von dem Weinhändler den Lohn zu bekommen gemäß Accord.

Sollten es Teilhaber oder junge Leute (puti, gemeint jüngere Angestellte oder Teilhaber) sein, die den Weinhandel besorgen, welche ihren Geschäftsinhaber oder den Teilhaber anzeigen, so sollen sie freigestellt sein von jeder Strafe, die sie betreffen würde.

Sollte ein Faquino oder Umfüller oder jemand anderes festgestellt werden, die dabei geholfen haben oder hätten helfen lassen, die Weine zu verfälschen und zu verschlechtern, so werden sie ausgepeitscht von S. Marco bis zum Rialto, einen Tag an die „berlina", den Pranger, gestellt und für fünf Jahre aus Venedig verbannt. Für alle diese Strafen gibt es kein Erbarmen, keinen Erlaß und keine Verminderung.

Proklamiert auf den Stufen von Rialto, bei S. Biagio, am Zattere und überall, wo Wein verkauft wird."

Daß der Verkauf hauptsächlich vom Boot aus stattfand, geht aus den Stellen hervor, an denen der Erlaß bekannt gemacht wurde.

Möglich ist, daß diesem ausführlichen Erlaß kürzere Einzelerlasse vorausgegangen sind. Bei der Zusammenstellung der großen Dienstvorschrift des Capitulare sind kleinere, überholte Erlasse fortgelassen worden.

So finden sich z.B. im Notatorio unter dem 3. 9. 1490 unter anderen Bestimmungen über Lebensmittel, über Fleisch und Fisch auch ein Verbot, Wein zu verkaufen, der mit Honig oder anderen Dingen, die durch Gesetz verboten sind, versetzt sind. Dazu dann die üblichen Strafverfügungen. Jedenfalls geht daraus hervor, daß gesetzliche Bestimmungen über Weinverfälschung schon vor 1490 erlassen waren.

Die obige große Verordnung muß 25 Jahre in Kraft gewesen sein.

Erst am 27. 6. 1524 wird kurz verfügt, daß an Stellen, wo Wein verkauft wird, keine Eß- und Trinklocale sein dürfen. Wahrscheinlich befürchtete man, daß an diesen Stellen Übertretungen der Verordnung nicht zu überwachen seien.

Am 16. 10. 1527 wurde an der Barkenüberfahrt von Padua, auf den Fruchtmärkten und am Weinufer am Rialto auf Befehl der Proveditoren erneut bekannt gemacht, daß alle Weinhändler bei den Läden und Fahrzeugen, in denen sich Wein befinde, Tafeln haben müßten, auf denen mit großen Buchstaben die Weinsorten genannt seien, damit nicht der Wein einer Sorte an Stelle eines anderen verkauft würde, Strafe: Verlust des Weins, 300 Lire Geldbuße und ein Monat Gefängnis.

Immer wieder scheinen die Händler gegen diese Verordnung verstoßen zu haben. Am 17. 8. 1533 werden die Bestimmungen noch einmal vollinhaltlich wiederholt und nun noch mehr ins Einzelne die Verkaufsstellen genannt: „An der Riva del carbon, halbwegs der Casa Bembo (nahe der Rialtobrücke, wo der Palazzo Bembo steht), am Weinufer, halbwegs des Ladens des Herrn Alberto de Sarasin bei S. Salvador, am Rialto am Weinufer, am alten

Fischmarkt, halbwegs der Weinschiffe, an der Brücke der Schiffe von Padua, wo der Wein verkauft wird."

Endlich am 20. 10. 1534 aber entschließt sich die Gesundheitsbehörde, die allzu streng und beschränkend empfundene Verordnung vom Jahre 1498 zu lockern.

„Auf Befehl der Prov. a. s. wurde am 27. 9. 1498 beschlossen, daß alle Weinhändler, die in dieser Stadt Wein verkaufen oder verkaufen lassen, verpflichtet sein sollen, in ihren Läden, „burchi" und „barche" Wein feil zu halten nur aus einem Ort (paese). Zur Zeit wird dieses Gesetz einer Überprüfung unterzogen und dabei die Spesen und Schwierigkeiten der Händler berücksichtigt, die sich dabei nicht halten können und gewiß nur mit größtem Risiko arbeiten. Daher sind wir übereingekommen, diese Ware frei zu geben mit Vorentscheidung (Zustimmung) der Zollbehörden der Illustrissima Signoria."

„Hiermit also lassen die Magnificenten Signoren Proveditoren sopra la sanità in Bezug auf obengenanntes Gesetz jedermann, sowohl den Händlern, wie anderen, die Wein verkaufen oder verkaufen lassen, bekannt machen, daß sie zunächst verpflichtet sind, auf ihren „navilij, burchi, barche, barchosi" oder anderen Fahrzeugen oder in den Läden nur gute und unverfälschte, und nicht etwa auf andere Weise mit „rochete" (nicht zu eruierende Bedeutung) oder mit Honig versetzte Ware feilhalten, daß sie auch unter keinem Vorwand oder Entschuldigung auf ihren genannten Fahrzeugen oder in den Magazinen Weine irgendeiner Sorte feilhalten und verkaufen dürfen, die nicht gut sind. Auch dürfen sie in den genannten Schiffen und Läden keine „fece" (Hefe) oder „scolladure" (Bodensatz oder Durchgeseihtes) feilhalten oder, wenn sie es feilhalten wollen, so sind sie verpflichtet, es in einem anderen Laden oder an Orten feilhalten, wo keine Weinsorten verkauft werden, es sei denn diese „fece et scolladure". (Nach BOERIO [2] sind „fece" Purgiermittel. Wahrscheinlich wurde Hefe zu diesem Zweck verwertet und verkauft. Unter „Scolatura" oder „Colatura" versteht man alle festen Bestandteile, die sich aus flüssigen Substancen absondern, darunter auch die „fece".)

Sie können aber in den Läden jede Art von Wein aus jedem Ort (paese et loco) verkaufen, wie es dem Händler beliebt, jedoch unter der Bedingung und ausdrücklichen Verpflichtung, daß sie auf jedem Faß, jeder Flasche und Behälter ein Papier anbringen, auf dem geschrieben und specificiert ist, welche Weinsorte sich in dem genannten Faß, Flasche oder Behälter befindet und aus welchem Ort sie kommt, wobei aber nicht betrügerischer Weise diese Papiere gefälscht werden dürfen, indem darauf eine Weinsorte statt einer anderen geschrieben wird, zum Nachteil der armen Käufer. Jedoch wird kein anderer Teil des genannten Gesetzes von 1498 hiermit aufgehoben, auch nicht der Teil des Gesetzes mit den Bestimmungen über die gegen Zuwiderhandelnde festgesetzten Strafen". (Diese werden wörtlich wiederholt.)

Wenn das damalige Papier schon ebenso geduldig war, wie das Papier unserer heutigen Weinflaschenetiketts, das sich die Bezeichnungen „Rüdesheimer", „Liebfrauenmilch", „Moselblümchen" aufdrucken lassen muß, so wird der Erfolg zweifelhaft gewesen sein.

Eine Zunft der Weinhändler gab es nicht. Wenigstens ist eine Mariegola nicht erhalten und eine „scuola" der Weinhändler ist nirgends erwähnt. Eine Selbstkontrolle der Befolgung der Verordnungen durch einen Gastalden oder Soprastanti (Aufseher der Zunft) kam also nicht in Frage.

Die Kontrolle lag bei den Beamten des Officio d. s. Darüber liegen zwar keine aktenmäßigen Belege vor, wohl aber eine Verhandlung im Officio d. s. vom 16. 6. 1575, die Auskunft über das Verfahren gibt.

Es erschienen vor den Proveditoren a. s. die Hebräer des Ghetto und beschwerten sich darüber, daß auch in ihren Magazinen, in denen sie Wein verkauften, der nach den Usancen ihrer Gesetze mit eigener Hand hergestellt sei, von den Soprastanti des Officio Proben eingefordert würden, wie sie das in den anderen Magazinen der Stadt täten. Sie ersuchten, es möchte durch die Signori bestimmt werden, daß die Soprastanti in Zukunft nicht mehr in ihre Magazine kommen dürften, in Betracht dessen, daß sie diese Weine nur zu eigenem Gebrauch herstellten und auch in Hinblick darauf, daß nach einer Entscheidung der Häupter des Excellenten Rates der X und der Excellenten Signori über die Einkünfte des Staates festgestellt sei, daß sie, die Hebräer, betreffs der Herstellung dieser Weine nicht dem Officio der Justicia nuova unterworfen seien.

Die Proveditoren beschließen darauf, daß in Zukunft ihre Beamten nicht mehr in's Ghetto gehen und Weinproben anfordern sollen, jedoch unter der ausdrücklichen Bedingung, daß die Hebräer oder andere, die es in ihrem Namen tun, wenn sie solchen Wein an irgendeinen Christen verkaufen, eine Strafe von 200 Lire in kleiner Münze zu zahlen haben, eine Summe, die der Denunciant erhalten soll und es würde das geheim gehalten werden.

Das übliche Verfahren ist also offenbar die Entnahme von Proben in den Magazinen gewesen. Daß die Beamten des Officio in der Lage waren, die Qualität eines Weines zu prüfen, wird in einer Gemeinschaft, die statt Wasser so gut wie ausschließlich Wein trank, vorauszusetzen sein, übrigens aber auch, daß diese Probeentnahme die Möglichkeit zu erheblichem Mißbrauch gab, wie das auch auf anderen Lebensmittelgebieten zu rügen war. Nicht zum wenigsten werden die Beamten ihre Aufgabe im Ghetto großzügig aufgefaßt haben.

Ob allerdings die Entscheidung der Proveditoren, daß nunmehr die Weinhändler keinen Wein mehr an Christen verkaufen dürften, so ganz den Absichten der Antragsteller entsprochen hat, dürfte zu bezweifeln sein.

4. „Di quelli che vendono acqua.“
(Von den Wasserverkäufern.)

Ohne Zufuhr von Süßwasser von außerhalb, von der Terra Ferma her, konnte ein Gemeinwesen von der Größe und der Einwohnerzahl Venedigs, diese Stadt im Wasser ohne Wasser, nicht bestehen.

Nicht nur die vielen socialen Bedürfnisse der Stadt an Märkten und Räumen für das öffentliche Zusammenleben der Menschen waren es, die verlangten, daß in dem engen Netz der Häuserviertel, der Sestiere und Contraden, Plätze, Campi, ausgespart bleiben mußten. Fast alle diese Campi waren zugleich Auffangplätze für das Regenwasser. Kunstvoll waren sie mit ihrem Pflaster concentrisch abgeschrägt zu den Einlaßöffnungen der Cysternen hin. Meist waren es vier solche Einlässe, so auch im Hof des Dogenpalastes. Das Wasser floß den unter der Bodenfläche liegenden Cysternen zu. Dort sammelte es sich rings um einen Kiesmantel, den „spongo“, Schwamm, mit dem der „pozzo“, der Schöpfbrunnen in der Mitte des Platzes, umgeben war.

So geistreich dies System auch war, so viel Sorge auch ständig auf die Reinigung und Sauberhaltung der Pozzi und der Cysternen verwendet wurde, auch auf das Sauberhalten der Campi selbst, das Wasser war weder einwandfreies Trinkwasser im Sinne moderner Wasserhygiene, noch wird es auch nur klar, farblos, geruch- und geschmacklos gewesen sein.

Obwohl alles Abwasser und Spülwasser der Häuser durch die Gatuli, die Einlässe der längs aller Straßen vor den Häusern hinlaufenden Siele abgeführt wurde, obwohl Reinhalten der Straßen und Plätze, besonders vor den Läden, durch strenge Bestimmungen befohlen war, war es im wesentlichen doch immer der Regen selbst, der die Campi von allem Schmutz reinigte, indem er ihn in die Cysternen hineinwusch. Als im letzten Kriege die unter dem Lagunengrund liegende Süßwasserleitung von Mestre her durch Bombenabwurf außer Betrieb gesetzt war, konnte man es erleben, was es bedeutet, Pozzowasser als Waschwasser angeboten zu bekommen.

Wahrscheinlich wäre die Antwort eines Venezianers jener Zeit, hätte ihm ein moderner Hygieniker davon abgeraten, Pozzowasser zu trinken, die gleiche gewesen, die ein pfälzischer Bauer lachend bereit hatte, als der Hygieniker das Wasser seines Brunnens beanstandete: „Wasser! Wir trinken doch kein Wasser!" Er hatte als Weinbauer seine 2500 bis 3000 l Wein im Keller.

Schon für die Haushaltbedürfnisse der Bevölkerung, für Kochen, Waschen, für die Reinhaltung der Stadt reichte das Pozzowasser keinesfalls aus. Weit größere Mengen als für Trinkzwecke waren dafür benötigt. Noch größer waren die Bedürfnisse einzelner Zweige der Industrie, der Seifenfabrikanten, der Färber und Gerber.

Nirgend in den übrigens sonst in alle Einzelheiten gehenden Verordnungen des Magistrato d. s. ist von einer behördlichen Trinkwasserversorgung, geschweige denn von Anforderungen die Rede, die an Trinkwasser zu stellen wären.

Aus anderen Verordnungen ist erkennbar, daß das arme Volk einen großen Teil seines Flüssigkeitsbedarfs durch Suppen deckte. Möglicherweise lag übrigens der Preis des von den Wasserverkäufern angebotenen Wassers nicht wesentlich unter dem des vom Festland her in Kähnen angeführten und ebenso wie das Wasser an den Kais feilgebotenen Weines. Für Apulien soll das gleiche noch bis in unsere Tage gegolten haben.

Schon früh lag der größere Teil der Wasserversorgung in den Händen einer Zunft, der „scuola" der „aquaroli". Aus dem Mündungsgebiet der Brenta — nur von dort her war es erlaubt — führten sie das Wasser in besonderen Schiffen, „burchi", der Stadt zu, wo es verteilt und verkauft wurde. Wasser war eine Handelsware. Für die ihr verliehenen Privilegien war die Zunft verpflichtet, einmal im Jahre unentgeltlich, nur gegen Erstattung der Verpflegung an dem betreffenden Tage, dem Staat hundert Burchi zu liefern. Dieses Wasser wurde in die Pozzi entleert, „a comodo e beneficio di questa città e di tutto el popolo". —

Mehrere Mündungen kleinerer Flüsse, des Bottenigo, des Sionconcello lagen für die Wasserhändler bequemer als die Brenta. Aber sie standen unter der Einwirkung der auch im Ästuar sehr merkbaren Ebbe und Flut. Je nach dem Stande der Gezeiten wird ihr Wasser nicht ohne Salzgehalt gewesen sein. Die Bevölkerung nahm es aber nicht geduldig hin, wenn die Aquaroli versuchten, ihr solches Wasser anzubieten. Ein Erlaß der Proveditoren vom 28. 6. 1494 spricht von den zahlreichen fortdauernd beim Officio vorgebrachten Klagen, das Wasser vom Bottenigo und vom Sionconcello und von anderen Stellen sei salzig, schlecht und der Gesundheit unzuträglich.

Den Wasserhändlern wird daher ernstlich verboten, anderswoher Wasser zu holen und zu verkaufen als aus der Brenta bei Strafe von 25 Lire, zwei Monaten Gefängnis und Verlust der Barke und des Wassers.

Die Mariegola der Aquaroli, die uns vorliegt, beginnt mit dem März 1471. Bestanden aber hat diese Zunft schon vor 1386. Nach einer Verfügung vom 25. 12. 1386 wird ihr die Erbauung einer Kirche der S. Constanza, ihrer Schutzheiligen, mit einem Campanile erlaubt und 1491 ermietet sie ein Zunftsgebäude am Campo S. Basilio von der Scuola S. Basilio.

Ursprünglicher Grundsatz der Scuola war, daß ausschließlich ihre Mitglieder Wasser innerhalb der Stadt verkaufen dürften. Im Laufe der Zeit ergaben sich aber Schwierigkeiten bei der Verteilung des Wassers im Kleinhandel, weil die Burchi, die Wasserleichter, für die Fahrt durch die kleineren Kanäle ungeeignet waren.

Mit der größten Vorsicht und Einschaltung aller Sicherheiten für die Zunftgenossen wird daher am 11. 9. 1498 seitens des Officio d. s. dem zugestimmt, daß auch Barkenführer im Kleinhandel, „a menudo", Wasser verkaufen dürfen, aber selbstverständlich ebenfalls nur Brentawasser und nicht von anderswoher, wodurch das Gemeinwesen inficiert werden könne. Diese Händler mit Wasser „à soldo à soldo" haben aber der Scuola eine Abgabe von 20 Soldi pro Jahr zu entrichten. Außerdem dürfen sie bei Strafe kein Wasser „en gros" verkaufen an Färber, Seifenfabrikanten, Gerber, Wäscher und Barbiere.

Unter keinen Umständen darf durch eine solche Concession eine zweite Scuola der Aquaroli entstehen. Dem Gastalden wird

Entlassung angedroht, wenn er aus Freundschaft oder Gunst Leute zuläßt, bevor sie nicht bei einem Meister ihre Lehrzeit absolviert haben.

Diese Lehrzeit wird schwerlich etwas daran geändert haben, daß dieses in offenen Barken beförderte und aus einem allen Verunreinigungen ausgesetztem Fluß stammende Wasser, an dem zahlreiche Ortschaften lagen, in keiner Weise den Vorstellungen entsprach, die wir uns heute von einem einwandfreien Trinkwasser machen. Hätte damals die Cholera schon in Europa Eingang gefunden, wäre die Bevölkerung von Venedig wohl noch ernster als durch die gefürchteten Pestepidemien decimiert worden.

5. „De quelli che dano allozamento.“
(Über das Unterbringen von Fremden.)

Ganz in der Linie ihres Auftrags der Pestabwehr lag, daß die Proveditoren bald nach Übernahme ihres Amtes und später wiederholt strenge Bestimmungen erließen betreffs der Unterbringung von Fremden und Zuwiderhandlungen mit hoher Geldstrafe, bei Zahlungsunfähigkeit mit Prügeln und einem Monat Gefängnis bedrohten.

Gegen das Eindringen der Pest von der See her waren alle Maßregeln getroffen, die dem Wissen und den Anschauungen der Zeit entsprachen. So unklar sicherlich bei den zahlreichen größeren und kleineren Ausbrüchen der Pest im 15. Jahrhundert die Kausalkette gewesen sein wird, die Annahme wird nahe gelegen haben, die Seuche könne auch vom Festland her durch einzelne Personen eingeschleppt werden. Vielleicht war es für einige Ausbrüche gesichert.

Den Proveditoren war bekannt, daß in der Stadt viele Männer und Frauen Herbergen unterhielten, in denen sie Personen Logis gewährten entgegen gesetzlichen Bestimmungen, die solche Unterbringung behinderten und verboten. (Diese Bestimmungen, die wahrscheinlich seit langem bestanden, habe ich nicht auffinden können.) Da nun festgestellt sei, daß in diesen Herbergen äußerst häufig Personen einkehrten, die zur Ursache würden, daß Seuchen und Contagium in die Stadt Eingang fänden, vor allem wegen der großen Zahl solcher Herbergen, bringen die Proveditoren zur Kenntnis aller, niemand welchen Standes er auch sei, weder Mann noch Frau, solle sich erdreisten, Aufnahme und Logis in seinem

Hause zu gewähren ohne ausdrückliche schriftliche Genehmigung (bolletin) des Officio d. s.

Trotz schlechter Erfahrungen, daß nämlich viele Leute allerhand Gesindel und zwar in so großer Zahl beherbergten, daß daraus eine Seuchengefahr entstehen könne, (qualche inconveniente de morbo) wird später, 1528, eine gewisse Concession gemacht, daß bis zu vier Personen pro Haus, aber bei Strafe nicht mehr untergebracht werden dürften.

Für das Ghetto war für die Unterbringung von auswärts gekommener Hebräer eine ausdrückliche Genehmigung durch die drei Aufseher (Soprastanti) des Ghetto vorgeschrieben, außerdem sofortige Meldung jedes Krankheitsfalles. Hier sprach mit die seit langem bestehende Befürchtung, durch den Handel der Juden mit alten Kleidern könnten Seuchen eingeschleppt werden.

Daß diesen Bestimmungen die letzte Consequenz fehlte, nämlich eine Überwachung des Zuzugs von Verwandten, mußte Venedig erfahren beim Ausbruch der schweren Pestepidemie von 1575/77. Der erste Fall, an den sich sofort weitere Fälle anschlossen, betraf einen aus dem Val Sugana zugewanderten Mann, der sich die Infektion in Trient zugezogen hatte [20].

Die Sperrung der Grenzen, wenn aus Nachbargebieten Pest gemeldet wurde, ist, wie der Verlauf der großen Pestepidemien Italiens lehrt, immer zu spät gekommen.

6. „Delle scoazze et cose che rendono fettori."

(Vom Unrat und den Gestank verursachenden Dingen.)

In vielen älteren Schriften wird die gute Luft Venedigs gepriesen und ihr zugeschrieben, daß so viele Menschen der Stadt ein hohes Alter erreichten. Aber besser als heute wird es im Innern der Stadt im Bereich der „canalazzi", der kleinen Kanäle, im Sommer um die Luft nicht bestellt gewesen sein. Denn die Klagen über den Zustand der Kanäle enden nie und immer wieder werden Beschlüsse gefaßt über die Notwendigkeit ihrer Ausräumung. Ein Spülsystem unter Ausnutzung von Ebbe und Flut, wie es die neuere Zeit eingeführt hat, bestand noch nicht.

Um so mehr waren die Proveditoren, noch ganz im Banne der Lehre vom pestbringenden Einfluß verderbter Luft, bemüht, alle Möglichkeiten der Anhäufung von Schmutz und der Entstehung übler Gerüche auszuschließen.

Sie konnten anknüpfen an weit zurückliegende Beschlüsse des Großen Rates, der schon im Jahre 1294 (liber pilosus)* ein Problem aufgegriffen hatte, das unter den heutigen Begriff der Arbeitshygiene fällt, ein Beschluß, der am 8. 8. 1308 (liber magnus) wiederholt worden war.

Die Beschlüsse betrafen Werkstätten (botteghe), in denen chemische Stoffe verarbeitet wurden, die unter den Bezeichnungen „cimenti, sublimadi, zenabrij" in den Verfügungen aufgeführt werden. Welches die Endprodukte der Verarbeitung waren, ist nicht ersichtlich. Wahrscheinlich wurden Metalle geläutert, Sublimat aus dem „roten Leu", dem „zenabro" (Zinnober) hergestellt und, da auch vom „plumbum" die Rede ist, Bleiweiß gewonnen.

Die Bevölkerung mehrerer Contraden, u. a. von der Giudecca, hatte Klagen über den sehr üblen Rauch und die furchtbaren Gerüche vorgebracht, wodurch das Wohnen in der Nachbarschaft unmöglich gemacht werde. Sie würden zur Ursache verschiedener Krankheiten, die täglich aufträten.

Auf die Eingaben der Anwohner hin, es möchte dieser schädlichen Arbeitsweise im Interesse der öffentlichen Gesundheit ein Ende gemacht werden, beziehen sich die Proveditoren in einer Verfügung vom 11. 6. 1498 auf jenen alten Beschluß von 1294, nach dem alle, die „cimenti, zenabrij" und alle anderen Stoffe herstellen, die schädlichen Rauch verursachen, ihre Betriebe in die Sümpfe — gemeint die kleinen Laguneninseln — an die äußersten Grenzen des Gemeinwesens verlegen müssen, damit keine Schädigung von irgendjemandes Gesundheit verursacht werde, noch verursacht werden könne.

* 1294. 11 October, im Großen Rat:

„cum extrahuntur cimenti et cineratij in terra Ista ad plumbum et ad eletum (?) et aliaque faciunt fummum mal sanum et hoc fiat ubi homines volunt in hac terra Capta fuit pars quod non possit fieri in cetero in civitate Rivoalti, excepto si fieret cittra paludes in tali loco ubi non possit inducere nocimentum sanitatis, et hoc sub pena soldorem Decem grossorum pro qualibet vice qua fuerit contrafactum."

1308, 8. August, im großen Rat:

Die Verfügung beginnt mit dem gleichen Text, dem Folgendes hinzugefügt ist:

„et aliqui sunt, qui similiter alio modo et cum sulphur faciunt, capta fuit pars, quod addatur illi consilio, quod omnes alij qui facerent fummum quocumque modo in civitate Rivoalti erxcepto si fieret citra paludes ubi non possint Inducere nocumentum sanitatis cadant in pena supradicta pro quolibet et qualibet vice et si consilium est contra sit revocatum quantum in hoc."

Die Proveditoren überzeugen sich durch Augenschein und Befragung, daß in der Tat der Rauch und Gestank der „zenabrij" (Zinnober als Sammelbegriff gebraucht) für die Gesundheit der Nachbarn schädlich sei und beschließen auf Grund der ihnen verliehenen Autorität einstimmig, daß alle, die das Handwerk des Läuterns (affinar) der „zenabrij" betrieben, bei Strafe von 100 Dukaten in Gold für jeden Fall und der Beschlagnahme ihrer Produkte (cotte), an den betreffenden Orten ihren Betrieb nicht fortsetzen dürfen. Sie sollen anderswohin gehen und arbeiten an ihnen geeignet erscheinenden Orten, jedoch nur mit Zustimmung und Licenz der Proveditoren oder ihrer Amtsnachfolger.

Auch jeder der künftighin das Gewerbe des „affinar zenabrij" an irgendeinem der obigen Orte oder an anderen Stellen ohne Licenz beginnt, verfällt unter die gleiche Strafe.

Auch eine Verfügung der Proveditoren über die Gerbereien vom 1. August 1502 nimmt Bezug auf eine Verfügung des Senats (In Rogatis) vom 6. Juni 1439.

In dieser älteren Verfügung sei gesagt, die Regierung habe immer darüber gewacht, daß alle Gewerbe, welche Gestank verursachen, ausgeübt werden müßten an der Grenze des Gemeinwesens — versus paludes — wegen der Gesundheit der Bürger.

Es käme aber vor, daß die Gerber mitten in der Stadt ihre bearbeiteten Felle auf den Hauptplätzen aufhingen unter großem Beklagen und Abscheu aller Bürger, die vorbeigingen und zum Ruin der Brunnen (putheone, pozzi).

Auf den Stufen von Rialto wäre daher damals öffentlich ausgerufen worden, daß niemand, der das Gerbergewerbe ausübe, in irgendeiner Contrada von Venedig gerben, noch die Felle auf einem Platz oder an einer öffentlichen Straße aufhängen dürfe. Vielmehr sollten sie ihr Gewerbe an den äußersten Grenzen des Gemeinwesens, bei den Festungswerken und bei den Barrieren ausüben, wie sie das schon in vergangenen Zeiten zu tun gewohnt gewesen seien. Der Beschluß sollte gelten vom 1. Sept. (1439) ab. Strafandrohung 50 Lire, verteilt zur Hälfte auf den Denuncianten, den Beamten der Officio oder das Haupt des Sestiere (Stadtsechstel), das es angeht. Keinerlei Begnadigung war möglich. Auch adeligen Fabrikherren war verboten, solche Betriebe in der Stadt zu unterhalten.

Diese ältere Verfügung, erklären jetzt die Proveditoren, bedürfe einer Ergänzung, weil inzwischen Dank der Gnade Gottes die Stadt so gewachsen sei und umringt von neuen Behausungen (casamenti) des Volkes. Daher lägen jene Arbeitsstätten der Gerber nicht mehr außerhalb der Stadt, sondern schon mitten im Leibe des Gemeinwesens. Wenn das so weiterginge, wäre es nicht ohne Gefahr. Durch die Gerüche könnten „el morbo" und andere Krankheiten entstehen. Auch führe es zu großer Unzufriedenheit der Bürger, die sich täglich darüber beklagten.

Daher beschließen sie, daß alle Gerber und alle Personen, die mit Gerbstoffen arbeiten, sich nicht erdreisten sollen, innerhalb der Stadt an irgendeiner Stelle ein solches Handwerk auszuüben noch ihre Felle aufzuhängen.

Strafe 200 Lire — die vierfache Summe — und Verlust der Ware, wovon der Denunciant außer der Hälfte der Strafsumme, ebenfalls die Hälfte erhält. Die andere Hälfte fällt der „pietà" zu.

Gestattet wird den Gerbern, sich Arbeitsstätten jenseits der Giudecca an den Palladi (den Pfahlgrenzen) zu suchen, wo schon andere Gerber die Felle des Schlachthauses verarbeiteten, auf den Lidi oder in den „vignole" (den kleinen, meist ummauerten Inseln, auf denen Wein angebaut wurde), dort, wo es ihnen am besten erschiene für ihr Gewerbe und wo niemand geschädigt werde.

Es ist bemerkenswert für den bei aller oligarchischen Verfassung lebendigen demokratischen Geist des Staates, daß eine Zunft sich nicht ohne Weiteres mit der Entscheidung einer so autoritativen Behörde, wie es der Magistrato d. s. war, zufrieden gab und daß ihr Appell an die höchste Instanz, beim Collegio, nicht nur möglich war, sondern auch erfolgreich ausging.

Ihr Gastalde und die Mitglieder der Zunft bringen vor, sie hätten nun seit 1439 bei den Festungswerken und Barrieren unabgebrochen ihr Gewerbe gemäß jenem Beschluß des Senats ausgeübt, hätten sich und ihre Familien dort installiert und angepaßt, nicht ohne viel Arbeit und Kostenaufwand. Daher beklagten sie sich darüber, daß jetzt durch die Edelen Herren Proveditoren alla sanità ihnen die Ausübung ihres Gewerbes an diesen Orten verboten und behindert werde.

Die Consiglieri beschließen darauf, daß die Gerber an den genannten Orten gemäß Form und Tenor jenes Beschlusses von 1439 ihr Gewerbe fortsetzen dürften und heben unter Wahrung der notwendigen juridischen Formalitäten den Beschluß der Proveditoren auf.

Welchen Gang die Dinge später genommen haben, ist nicht ersichtlich.

Sehr unerfreuliche Zustände fanden die Proveditoren bei Übernahme ihres Amtes vor, was die allgemeine Sauberkeit der Stadt, ihrer Straßen und Märkte betraf.

Jedoch bestand damals schon ein Abwassersystem, das noch heute seinen Dienst tut. In allen Straßen und Gassen laufen unmittelbar am Fuß der Häuser schmale, mit Steinplatten bedeckte Siele entlang, die in die Kanäle ausmünden. In Abständen von einigen Metern sind einzelne Steinplatten mit mehreren Schlitzen versehen, durch die das Schmutz- und Regenwasser der Straßen in die Siele abfließt. Diese geschlitzten Platten, die „gatuli", sind noch heute überall in den Gassen zu sehen. Sie und die Siele werden sorgfältig durch die „curagatuli" unterhalten. Daß schon Ende des 15. Jahrhunderts dieses zwar primitive, aber durchaus zweckmäßige System bestand, erweist die Erwähnung der „gatuli" in mehreren Verfügungen.

Abgeführt wurde durch die Siele nur Abwasser, kein Abfall. Die Bevölkerung aber legte sich keinerlei Hemmungen auf, die Abfallstoffe der Häuser, Waschwasser, Küchenabfälle, Asche der Öfchen, kurz allen Unrat durch Auslässe auf die Straße zu entleeren.

Eine Verfügung der Proveditoren vom 28. Juli 1498, erlassen auf zahlreiche Reklamationen beim Officio hin, verbietet das. Es sei eine Schmach (vergogna), verursache Gestank und müsse daher ganz und gar verboten werden. Einstimmig beschließen sie daher, daß alle solche Unratbehälter und ihre Auslässe nach der Straße hin binnen acht Tagen durch die Hauseigentümer abzuschließen seien. Müßten sie — wegen Nichtbefolgung des Befehls durch die Hauseigentümer — durch Angestellte des Officio abgeschlossen werden, so dürften sie nie wieder geöffnet werden. Nichts von dergleichen Abfall dürfe mehr auf die Straße kommen bei Strafe von 25 Lire in Kleingeld für jeden Einzelfall.

Der Erlaß wurde zur Kenntnisnahme für Jedermann an allen üblichen Plätzen proclamiert.

Zwecks Durchführung der Verfügung wird am 3. August 1499 dem Aufseher der Straßenreinigung — die also schon länger bestand — und seinen Gehülfen, den „scovadori", befohlen, alle abgeschlossenen und wieder geöffneten Auslässe nach Häusern und Contraden dem Officio zu melden.

Denn mit der Befolgung des Erlasses scheint es keineswegs geklappt zu haben. Bereits am 30. Juni 1502 klagen die Proveditoren, alle Ausgaben, die die Signoria zu allen Zeiten gemacht habe, indem sie Reinigungspersonal und Boote zur Verfügung gestellt habe, seien fruchtlos gewesen und hätten nicht das geringste Ergebnis gehabt. Es sei daher notwendig, von neuem Vorsorge zu treffen, daß kein Abfall und Unrat mehr auf die Straße geworfen werde, besonders nicht durch die Ladenbesitzer vor ihren „botteghe“. Das Schlimmste sei, daß dieser Unrat sich zersetze und zu stinken anfange, so daß unerträgliche Gerüche sich entwickelten, die außer allen Unannehmlichkeiten eine schlechte Luft entstehen ließen, die zur Ursache verschiedener Krankheiten würde.

Den „botteghieri“ wird befohlen, sie hätten vor ihren Läden für Sauberkeit zu sorgen und alle Abfälle sofort zu den Kästen an den dafür bestimmten Stellen zu bringen, damit die Straßen sauber blieben. Diese „cassete, casse, case“, auch als „scoazzera“ bezeichneten Behälter waren an vielen Stellen, auch auf den Plätzen aufgestellt. Aus ihnen wurde der Abfall durch städtisches Personal mit Booten abgeholt, wie das in verfeinerter Form noch heute mit den Abfalltonnen geschieht, aber auch diese „cassete“ wurden gelegentlich zur Quelle von üblem Gestank. Trotz der Beschwerde seitens der Anwohner — so einmal wegen einer „scoazzera“ am Campo S. Stefano — mußte aber eine schon getroffene Anordnung, sie zu entfernen, wieder aufgehoben werden. Es gab keine andere Möglichkeit. Den Händlern drohte eine Strafe von 25 Lire und einem Monat Gefängnis.

Schon im September 1502 wird dieser Erlaß ergänzt durch die Verfügung, es dürften innerhalb des Gemeinwesens keine Schweine mehr auf die Straße getrieben werden, vor allem, weil es dadurch zur Verunreinigung der „sponge“ (der Kiesmäntel der Cysternen) komme und weil der Gestank zur Ursache von Krankheiten werden könne. In Zukunft sollen überhaupt keine Schweine mehr in der Stadt gehalten werden. Werden Schweine künftighin noch auf den Straßen frei laufend angetroffen, so werden sie ungeachtet jeder Widerrede confisciert.

Hiermit war Venedig fast allen Städten des damaligen Nordeuropa weit voraus. In der Hauptstadt des Großen Kurfürsten, in Berlin, sühlten sich noch in der zweiten Hälfte des 17. Jahrhunderts die Schweine auf der Straße.

Daß diese Verfügung in Venedig befolgt wurde, bestätigt eine Notiz in der Mariegola der Wurstmacher, daß die Schweine von auswärts eingeführt und vom Boot aus am Kai verkauft wurden.

1511 wurde dann auch verboten, Enten und Gänse auf die Straße laufen zu lassen.

Auf zahlreiche Beschwerden hin müssen aber am 17. Juni 1504 die Erlasse aus den Jahren 1498 und 1502 noch einmal in allen Einzelheiten wiederholt werden. Die Strafe wird auf 100 Lire erhöht. Und wenn die Auslässe an den Häusern nicht binnen acht Tagen von dem Hauseigentümer geschlossen seien, so hätten die Mitbewohner (schon damals wohnten in der eng gebauten Stadt viele Familien im gleichen Hause) dafür zu sorgen, wenn sie nicht in eine Strafe verfallen wollten, die nach dem Betrag ihrer Miete bemessen würde. Die Eigentümer müßten wegen Ungehorsams noch einmal zahlen.

Die gleiche Strafe wird denen angedroht, die Schmutzwasser und Dreck aus den Fenstern auf die Straße schütten.

Mit dieser Anordnung scheint die Behörde Venedigs in der Tat ein Erziehungsergebnis erzielt zu haben, das dauerhaft war. Denn so sehr man in den engen Gassen der Stadt geneigt ist, einen solchen Segen von oben her zu befürchten, ich habe niemals gesehen, daß Wasser etc. aus den Fenstern entleert worden wäre.

Ferner wurde den Handwerkern und Händlern, welche „balconi“ Schaukästen oder Schautische vor ihren Läden angebracht hätten, verboten, diese über den „gatuli“ aufzustellen, weil dadurch die Schmutzwasser der Straßen am Abfluß behindert würden. Binnen drei Tagen hätten sie sie zu entfernen oder entfernen zu lassen, welcher Art sie auch seien. Strafe 50 Lire, 8 Tage Gefängnis und 25 Prügel von S. Marco bis zum Rialto.

Diesmal wird der Erlaß nicht nur auf den Stufen von Rialto, sondern in den 12 bedeutendsten Contraden proclamiert.

Schließlich folgt noch am 21. April 1523 ein Erlaß, daß auch kein Schmutz beim Fischmarkt „in capo della pescaria alle loza (loggia) verso la beccharia“ entleert werden darf, weil das zur Ursache werden könne, die Stadt mit dem „morbo“ zu inficieren. Aller Unrat muß in die in den Contraden aufgestellten Kästen gebracht werden. Strafe: Auspeitschen um den Fischmarkt herum, ein Monat strenge Haft und 50 Lire. Ist das Delikt von Angestellten oder Kindern begangen, so haben die Meister oder Väter die Geldstrafe zu entrichten.

Trotz der ihnen verliehenen weitgehenden Autorität, auf die die Proveditoren in fast allen Verordnungen nachdrücklich hinweisen, ist es für sie offenbar sehr schwer gewesen, diese Verfügungen durchzusetzen. Am 28. 6. 1536 wird die Angelegenheit daher vor den Großen Rat gebracht und dort beschlossen, für jede Contrada einen „Capo" zu wählen. (Man stellte damit ein altes Amt wieder her, dessen Funktionen im Laufe der Zeit auf den Piovan, den ersten Priester der Contrada übergegangen waren.) Dieser Capo sollte nun mit dem Piovan oder seinem Vertreter darüber wachen, daß keine Abfälle irgendwelcher Art mehr auf die Straße geworfen würden.

Am 11. 2. 1565 beschließt der Große Rat, das Collegio der Savii könne in dieser Sache Strafen nach Belieben verhängen.

Und noch am 31. 9. 1583 wird wiederum beschlossen, der Unrat dürfe auch nicht in die Kanäle geworfen werden und künftighin werde das Fortschaffen von Unrat, wenn die Hauseigentümer versagten, auf ihre Kosten erfolgen, abgesehen von den verhängten Strafen. Auch die Gemüsehändler und Fischverkäufer werden nochmals verpflichtet, bei Strafe täglich ihre Abfälle fortzuschaffen.

Jeden ersten Sonntag im Monat soll dieser Beschluß durch die Piovane in allen Kirchen der Stadt und der Giudecca bekannt gemacht werden.

Zweihundert Jahre später stellt GOETHE [12] recht kritische Bemerkungen an über den Zustand der Straßen und meint, es sei „in den Anstalten der Kerichtabfuhr weder Folge noch Strenge und desto unverzeihlicher die Unreinlichkeit der Stadt, da sie ganz zu Reinlichkeit angelegt worden, so gut wie irgend eine holländische".

Ob die Polizeiverordnung, die er nicht unterlassen konnte, im Spazierengehen zu entwerfen, wäre sie wirklich erlassen worden, etwas geändert hätte, ist zu bezweifeln. Was er für „notwendig und leicht" hält und wovon er annahm „wenn der Souverän es wollte, könnte es gleich getan sein", ist noch heute ein selbst mit modernen Mitteln schwer zu lösendes Problem.

7. „Delli mendicanti et hospedali."

(Von den Bettlern und den Krankenhäusern.)

Seit Jahrhunderten war man in Europa von der Contagiosität der Lepra überzeugt. In allen Ländern waren den Aussätzigen Aufenthaltsorte angewiesen außerhalb des Gemeinwesens, Leproserieen. In Venedig war die Insel S. Lazaro, gelegen zwischen der

Stadt und dem Lido, dafür bestimmt. Sie ist heute im Besitz der armenischen Kirche.

Die Absonderung der Leprösen hatte sich aber fast nirgends so weit erstreckt, daß man nicht den Unseeligen das Einsammeln von Almosen zugestanden hätte. Auch für Venedig hatte das gegolten, hatte aber zu der Zeit, als die Proveditoren a. s. die Aufgabe übernahmen, die Stadt vor Seuchen zu behüten, zu dem Mißbrauch geführt, daß Lepröse — wohl die Wohlhabenden — sich in der Stadt selbst einmieteten und anderen Leprösen bei sich Aufnahme gewährten.

Hier greifen die Proveditoren durch einen Erlaß vom 5. 8. 1495 unerbittlich ein, indem sie anordnen, die Leprösen seien sofort aus den Häusern herauszusetzen und nach S. Lazaro, dem Ort ihrer Bestimmung (luogo a loro deputado), zurückzubringen. Das Betteln in der Stadt wird ihnen aber auch jetzt nicht untersagt. Jedoch dürfen sie nur noch auf den Campi und an breiten und geräumigen Stellen der Stadt sich aufhalten und nicht in den Häusern betteln bei Strafe der Verbannung aus der Stadt für zwei Jahre. Es ist bemerkenswert für die Rechtsauffassung der Stadt, daß ihnen an sich Heimatrecht und ein gewisser Erwerb gewahrt blieben, wenn sie sich an die Bestimmungen hielten.

Wahrscheinlich steht mit diesem Erlaß eine Verfügung vom 13. 1. 1505 in Zusammenhang, nach der kein Mann und keine Frau betteln gehen darf mit maskiertem Gesicht oder mit einem Sack bekleidet, „simulando boni cittadini et di optimi famiglie“, es sei denn mit besonderer Genehmigung des Officio d. s.

Selbst aus den Kreisen des Adels lebten manche Familien in bitterster Armut. Von solchen verschämten Armen, die unerkannt bleiben wollten, ist auch an anderen Stellen der Erlasse die Rede. Ihnen sollte durch die Licenz des Officio die Möglichkeit des Bettelns bleiben, aber dem Bettel der Leprösen wurde damit vorgebeugt.

Erst im Jahre 1521, in einem ausführlichen Akt betreffend die Einrichtung des „Ospedale delli Incurabili“, finden wir den Magistrato d. s. wieder eingeschaltet in die Überwachung einer Seuche, diesmal des „mal francese“, der Syphilis.

Durch den Patriarchen („Reverendissimo Monsignore Patriarcha“) war den Proveditoren davon Kenntnis gegeben worden, daß viele adelige Damen und Herren, von Mitleid bewogen mit den Vielen vom „mal francese“ und anderen Krankheiten Befallenen, bei der Kirche Santo Spirito ein sehr geeignetes und gut ausgebautes Hospital hätten errichten lassen, ein gutes und lobenswertes Werk.

Unter dem Namen „ospedale delli incurabili" hat dieses große Krankenhaus lange Zeit den Zwecken gedient, für die es errichtet war, ein monumentales Gebäude am Zattere im Sestiere Dorsoduro. Später war es zu einem durch das gesangliche Können seiner Pfleglinge berühmten Waisenhaus für Mädchen eingerichtet. Heute, als Bau völlig intakt, dient es zur Unterbringung schwer erziehbarer Knaben.

Die Bezeichnung „Hospital der Unheilbaren" wirft ein Licht auf die schweren klinischen Erscheinungen der damaligen Syphilis, die den Zeitgenossen als eine sehr schwer, so garnicht zu heilende Krankheit erschien.

Ein Erlaß der Proveditoren vom 22. 2. 1521 spricht einleitend davon, viele Syphilitiker („infermi et impiagati da mal francese", wörtlich: kranke und mit Wunden bedeckte Syphilitiker) stünden aus Hülflosigkeit an den Straßen unter den Kirchentüren und an öffentlichen Plätzen, bei S. Marco und am Rialto herum, um durch Betteln einen Lebensunterhalt zu gewinnen. Teilweise seien sie so an diese Art von Erwerb gewöhnt, daß sie garnicht behandelt und geheilt sein wollten. An den genannten Stellen verbreiteten sie Gestank und Contagium für die Anwohner und Nachbarn mit der Folge, daß es ein schlimmes Gerede gebe, nicht nur bei den Einwohnern, sondern auch bei allen denen, die von auswärts in die Stadt kämen. Diese versähen sich dessen nicht, auch in dieser Stadt (questa nostra città) ein so großes Elend zu sehen, wie sie es sonst erlebten in allen anderen Orten Italiens, sowohl der zu Venedig gehörenden wie fremden.

Deshalb sei dann eben dies Hospital errichtet worden. Wie erwähnt gebe es aber Syphilitiker (impiagadi), die aus Renitenz nicht behandelt und versorgt sein wollten, weil sie an ihr Elend gewöhnt seien. Aufgefordert, sich in das Hospital zu begeben, weigerten sie sich, versorgt, behandelt und geheilt zu werden.

Indem die Proveditoren in jeder Weise das gute und Gott wohlgefällige und für die Stadt so nützliche Werk fördern wollen, beschließen sie kraft ihrer Autorität Folgendes:

Syphilitiker und Syphilitikerinnen oder wer an einer anderen Krankheit leide, wenn sie durch die Beamten des Hospitals aufgefordert worden seien, sich dorthin zu begeben, um dort zu bleiben, falls sie das verweigern und falls sie es auch verweigern, wenn der Capitano oder ein Angestellter des Officio es ihnen befehle, seien sofort darüber zu verständigen, daß sie aus der Stadt verbannt würden.

Damit nun dieser Beschluß auch wirklich durchgeführt werde, wird allen Beamten des Officio der Befehl erteilt, sollten sie in Zukunft noch solche Bettler in der Stadt antreffen, die sich weigerten, in das Hospital zu gehen, so hätten sie sie sofort in eine Barke zu setzen und aus der Stadt herauszubringen auf Kosten des Officio.

Sollte sich ein Barkenführer finden, der sie wieder zur Stadt zurückbrächte, so bekäme er die Strafe, die er verdiene, nach dem Gutbefinden des Officio. Er habe außerdem auf seine Kosten die Betreffenden wieder nach auswärts zu bringen, wie vom Officio befohlen.

Erwähnt wird ferner, die genannten adeligen Herren und Damen hätten für die Versorgung der Betreffenden Sorge getragen. Es wird daher zusätzlich verfügt, daß jeder oder jede, die dorthin gegangen seien, so lange sie dort zur Kur seien, nicht etwa wiederum in der Stadt, bei den Kirchen oder anderswo, betteln gehen dürften, bei einer Strafe, wie denen angedroht, sie nicht ins Hospital hätten gehen wollen.

Damit man aber dessen ganz sicher sein könne, daß sie dort wären und blieben, habe der Beamte des Hospitals ein Buch zu führen, in dem jeder und jede der Aufgenommenen eingetragen sein müsse mit Namen und Vornamen, dem Tage der Aufnahme und auch dem Tage der Entlassung, damit man immer feststellen könne, wer gegen den Erlaß ungehorsam gewesen sei.

Über den Betrieb des Hospital liegen Berichte nicht vor, ebensowenig darüber, was mit der Zwangsinternierung aller Syphilitiker die als solche erkennbar waren, erreicht wurde. Jedoch kann man aus Notizen in dem großen genealogischen Werk von Barbaro mit einiger Vorsicht den Schluß ziehen, daß jedenfalls in den Kreisen des venezianischen Adels die Syphilis kaum den gleichen verheerenden Einfluß gehabt hat, wie in anderen Gebieten Italiens und Europas überhaupt. Denn einerseits ist im Barbaro der Tod als Folge des „mal francese“ bei einzelnen Personen als eine Besonderheit vermeldet, andererseits findet sich ein solcher Vermerk auffallend selten. Auch die für das 16. Jahrhundert vorliegenden Listen (scedarien) über Ehen und Geburten bezeugen für dies Jahrhundert nicht eine Beeinträchtigung der Geburtenzahlen durch die Syphilis.

Außer den Isolierungsmaßnahmen könnte diese relativ günstige Lage innerhalb des übrigen schwer durchseuchten Europa auf die besondere sociale Situation des venezianischen Adels bezogen werden, der weniger als anderswo auf eine Prostitution niederen Ranges angewiesen war, dem in seinen Häusern noch immer Sklavinnen dienten und der durch die noch näher zu besprechende Institution der „cortegiane honorate" über einen anderwo nicht bestehenden Sicherheitsfactor gegen venerische Infektionen verfügte.

Einen Einblick in den Alltag des venezianischen Volkslebens gibt ein Erlaß der Proveditoren vom 24. 3. 1528, der davon handelt, von Seiten der Bevölkerung würden die Angestellten des Armenspitals bei S. Giovanni e Paolo insultiert und angegriffen, so daß sie nicht mehr des Nachts aus dem Hospital herauskommen und die „inonditie" — wohl die Nachtgeschirre — der Armen entleeren wollten.

Wer es auch sei, der künftighin diese Leute, die den Armen dienten, behindere, ihren Dienst zu verrichten, werde für 10 aufeinander folgende Jahre aus Venedig und seinem Gebiet verbannt. Er habe an den Denuncianten 100 Lire zu zahlen. Könne er nicht zahlen, so werde er von S. Marco bis zum Rialto ausgepeitscht. Dann erst beginne die Verbannungszeit. Das geschehe ihm jedesmal wieder, wenn er die Grenzen des Verbannungsgebietes zu überschreiten wage.

Ob die Einwohner der Umgebung von S. Giovanni e Paolo nicht einigen Anlaß gehabt haben sollten, sich zu wehren, falls etwa der Schmutz aus dem Armenhaus allzu nahe ihren Wohnungen ausgeschüttet wurde? Aber in Venedig war der Schutz und die Fürsorge für die Armen immer ein sehr ernst genommenes nobile officium.

Der Kampf Venedigs gegen die Liga von Cambrai, der 1509 mit einer furchtbaren Niederlage und der Überschwemmung der ganzen „terra ferma" mit fremdem Kriegsvolk begann, und die beiden folgenden Kriegsjahrzehnte brachten der norditalienischen Tiefebene und mit ihr der „terra ferma" dauernde Not und Unruhe. Mehr und mehr wird die reiche und unberührbare Stadt in der Lagune den Flüchtigen und Enterbten als ein Ort der Zuflucht erschienen sein. Die Zahl der Bettler vermehrte sich von Jahr zu Jahr.

Schon die Pestepidemie von 1510/11 hatte gelehrt, eine wie große Gefahr durch dies Hereinströmen armen Volkes von der

„terra ferma“ her heraufbeschworen wurde. Diese Lehre war nicht vergessen, als dennoch die Zahl der Bettler ständig zunahm, zur gleichen Zeit aber, seit 1527, die Pest fast in allen Städten Norditaliens erneut sich einzunisten und auszubreiten begonnen hatte.

Noch war Venedig frei geblieben. Aber Handel und Wandel stockten und der Lebensmittelmarkt verengte sich. Die Verfügungen sprechen von „carestia“. Zu gut hatten die weitblickenden Leiter des Staates aus den vielen Pestausbrüchen der beiden vergangenen Jahrhunderte gelernt, daß Hunger der beste Wegbereiter einer Seuche ist und daß nichts ihre rasche Verbreitung mehr fördert als eine wurzellose, in den Organismus des Gemeinwesens nicht eingeordnete, mittellose und zu großem Teil asociale Menschengruppe.

Im März 1528 hielt der Senat ein radikales Vorgehen für geboten gegen die von Tag zu Tag zunehmende Zahl der Bettler zur Erleichterung der bereits unerträglich werdenden Schwierigkeiten in der an sich schon an Lebensmittelmangel leidenden und von der Pest bedrohten Bevölkerung.

Eine „parte“ des Senats vom 13. 3. 1528 berichtet eingangs, die Bettler zögen schreiend und bettelnd während der ganzen Nacht durch die Stadt. Das sei eine Schande für die Stadt, eine skandalöse Sache und ein übles Beispiel. Nötig sei, kraftvoll und rasch einzugreifen, um der Verwirrung vorzubeugen, die durch diese Bettlerscharen überall entstanden sei.

Beschlossen wurde daher, zwei, drei oder, wenn es dem Collegio besser erschiene, mehr Unterbringungsplätze auszuwählen, in denen alle Armen, die innerhalb des Gemeinwesens betteln, in Baracken (stanzie di tavole) mit hinreichendem Stroh, um zu schlafen, untergebracht werden sollen. Gingen sie von dort wieder fort und würden sie wiederum bettelnd angetroffen, so würden sie mit Prügeln und sofortiger Wegsendung aus der Stadt bestraft.

Für den Lebensunterhalt dieser Internierten soll einmalig durch die Wohltätigkeit gesorgt werden, indem alle Einwohner pro Haus oder Laden eine Almosenabgabe von drei Dukaten, je nach der Hausmiete, oder von zehn Dukaten pro Laden zu zahlen haben.

Nach einer Bekanntmachung bei der großen Messe sollen die Piovanen zusammen mit einem Nobile und einem Cittadino die Summen einkassieren und ein Sonderkonto darüber führen. Alle, die nicht zahlen wollen, werden zu Debitoren des Magistrato d. s. gemacht und die einkassierten Summen sollen dem Officio d. s. zugeführt und dort in ein Konto eingetragen werden.

All dies Geld wird dafür bestimmt, die Ausgaben für den ganzen Monat Juni zu decken. Sei dieser aber abgelaufen, so sollen alle Bettler aus Venedig fortgeführt werden nach der „terra ferma", unter Bekanntmachung, daß, wer zurückkäme, von S. Marco bis zum Rialto durchgeprügelt und sofort wieder hinausgeschickt würde. Nur die Kranken durften bleiben. Die Gesunden wurden mit einem Zehrgeld von $^1/_4$ Dukaten fortgeschickt.

Was die von verschämten Armen eingenommenen Almosen angehe, so sollten sie ausgenommen werden und was von dem einkassierten Fond übrig bliebe, solle über die Contraden an die verschämten Armen verteilt werden.

Schon am folgenden Tage, dem 14. 3. 1528 verfügen die Proveditoren in Consequenz des Senatsbeschlusses, daß ein Barkenführer, der Fremde vom Festland zur Stadt bringe — ein licencierter Beruf — keine Bettler irgendwelcher Art und woher sie auch kämen, mitbringen oder zurückbringen dürfe bei Strafe des Entzugs seiner Licenz, die dann unmittelbar dem Denuncianten verliehen wird und der außerdem aus dem Besitz des Zuwiderhandelnden 25 Lire erhält. Außerdem werde ohne Erbarmen die Barke verbrannt. Die Bettler selbst, die irgendwie wieder nach Venedig zurückgekommen seien, würden, sobald sie entdeckt wären, von S. Marco bis zum Rialto durchgepeitscht und dann wieder fortgebracht.

Die Härte dieser Verfügung gegen die Barcharoli, die einer Vernichtung ihrer Existenz gleichkam, erklärt sich damit, daß es in jener Zeit in Venedig kaum einen anderen Beruf gab, der der behördlichen Überwachung so große Schwierigkeiten bereitete und an sich so sehr zu Gesetzwidrigkeiten verleitete. Davon berichten auch die oben angeführten Bestimmungen über die Lazarette. Die Ungebundenheit an Ort und Zeit, die mit ihrem Leben verbunden war, konnte dem Gemeinwesen große Gefahren bringen.

Ganz irrig wäre, aus der Härte dieser von Not und Sorge diktierten Erlasse den Schluß zu ziehen, der Staat habe das Bestreben gehabt, dem Almosengeben mit drakonischen Maßnahmen ein Ende zu bereiten und etwa sich seiner Fürsorgepflicht für die Armen zu entziehen. Die Bettler, die hier fortgeschickt wurden, waren Fremde, keine Eingesessenen. Diese hätten nur auf Grund eines

Vergehens verbannt werden können. Betteln aber war an sich kein Vergehen.

Vielmehr faßten der Senat und das Collegio ihre Verpflichtung, den Armen zu helfen und ihnen eine menschenwürdige Existenz zu verschaffen, von jeher in wahrhaft humaner Weise auf. Alle Erlasse aus Pestzeiten beschäftigen sich zu allererst mit der Fürsorge für die Armen, zwar im wohlverstandenen Interesse der Seuchenbekämpfung, aber auch unzweifelhaft aus der grundsätzlich bejahten Verpflichtung, auch für die ärmsten Angehörigen des Staates zu sorgen.

Eine Bereitschaft der Bevölkerung aller Stände, christliche Barmherzigkeit zu üben, haben die Behörden, und zwar ohne Widerspruch, in allen Zeiten von Not und Seuchen als etwas Selbstverständliches vorausgesetzt und in den Kreis ihrer Maßnahmen eingeordnet.

Daß auch diese düsteren Schatten auf dem glanzvollen Bilde des venezianischen Staatslebens zu erhellen versucht wurden durch die Klarheit wohlerwogener Bestimmungen, daß auch hier bis ins Kleinste reglementiert wurde, entsprach dem ordnenden Sinn einer hochentwickelten Verwaltungskunst, wie sie in den großen Erlassen der Jahrzehnte zwischen 1500 und 1550 über die Armenfürsorge zum Ausdruck kommt.

So weit zu ersehen, gehörte die Armenfürsorge in den ersten Jahrzehnten seines Bestehens nicht zu den Aufgaben des Magistrato della sanità.

Wie aber schon der obige Erlaß über die Fortführung der Bettler zeigt, ergaben sich schon allein im Verrechnungswesen viele Berührungspunkte zwischen den Erlassen des Senats und der Arbeit des Officio d. s. Die Armen in ihrer großen Gefährdung durch Seuchen mußten immer ein Objekt der Überwachung sein. So wurde notwendigerweise der Magistrato d. s. mit der Zeit in modernem Sinne zu einer Fürsorgebehörde, zu deren Aufgaben auch eine sociale Hygiene gehörte.

Daher sind denn auch in das Capitulare und das Repertorio des Caogrosso mehrere umfangreiche Beschlüsse aufgenommen, die im Senat betr. der Armen gefaßt wurden. Der Mag. d. s. wurde sehr bald für ihre Durchführung verantwortlich gemacht, eine gleiche Entwicklung, wie sie sich vollzog im Hinblick auf die Überwachung der Prostitution. Hier wird nur über den Zeitraum bis 1550 berichtet werden.

Die radikale Austreibung der Bettler im März des Jahres 1528 hatte der Pest keinen Halt gebieten können vor den Zugängen zur Stadt. Schon der Juli brachte die ersten Fälle und in der zweiten Hälfte des Jahres überzog sie Venedig mit einer der schwersten Epidemien, die die Stadt seit Jahrzehnten zu durchleben gehabt hatte.

Alle seit langem geübten und als erprobt angesehenen Maßnahmen traten wieder in Kraft und noch ganz unter dem Eindruck der schweren Verluste an Menschenleben entschloß sich der Senat am 3. April 1529 zu einer grundsätzlichen Regelung der Armenfürsorge (far ogni sorte de provisiom per le persone loro).

Fremde Bettler (gemeint sind Bettler, die zwar aus dem Staatsgebiet, aber nicht aus dem Gemeinwesen selbst stammten), sollen in ihre Heimat zurückgeschickt werden mit einer Empfehlung an die Behörden (Rettori), für sie zu sorgen.

Fremde Arme, die zu hilflos sind, sich noch irgendwie Lebensunterhalt zu erwerben, sollen, nach Geschlechtern getrennt, auf die Hospitäler verteilt werden.

Die Armen, welche innerhalb des Gemeinwesens eine Unterkunft haben, dürfen nicht mehr betteln, sondern sollen sich bei dem Piovan ihrer Contrada anmelden, der für sie sorgen wird.

Vagabunden (furfanti), die in guter Gesundheit sind, sollen auf die Schiffe geschickt werden und werden dort Lebensunterhalt und halben Lohn erhalten.

Für alle anderen Bettler, die gesund sind und nicht auf die Schiffe geschickt werden können, soll durch die Gastalden der „scuole", ihre Compagni und die Mitglieder der Zünfte aller Handwerke gesorgt werden. Diese sollen verpflichtet werden, drei bis vier dieser Leute in jedes Metier aufzunehmen und zu unterhalten.

Für Witwen, welche Kinder haben, zu sorgen ist Pflicht der Piovane und der Deputierten der Contraden.

Die Piovane sollen mit Bewilligung des Rev. Patriarcha in den Contraden für die Armen sammeln.

Die Armen sollen gleichmäßig auf die Contraden verteilt werden und die Angehörigen der „scuola del corpus domini" sollen für sie Almosen erbitten.

Die Prediger sollen die Armen der Nächstenliebe anbefehlen.

Die Piovanen der Contraden haben einmal im Monat vor dem Rev. Patriarcha zu erscheinen und im Auftrag des Officio d. s. zu berichten, wie es mit den Armen in Christo stehe, damit für sie vorgesorgt werde.

Einmal im Jahre sollen die Piovanen ihre Parochianen versammeln und mit Urne und Kugeln (a bussole e balloti) zwei Nobili und einen Cittadino und einen Handwerker wählen, die zu Gunsten der Armen sich bemühen sollen (habino cura al beneficio delli poveri).

Die Piovanen und die Gewählten sollen die Armen zur Ausübung eines Metiers anhalten.

Kein Armer darf aus einer Contrada in eine andere umziehen ohne Genehmigung seines Piovans.

Für jede Contrada wird eine Kassette mit Schlüsseln angeschafft, die der Piovan aufzubewahren hat. Die Deputierten haben getrennte Konten zu führen über das einkassierte und ausgegebene Geld. Diese Konten sollen controlliert werden, wie die Proveditoren a. s. für gut befinden.

Es geht um Geld! Es sind Kaufleute, die verfügen und beschließen! Mißtrauen untereinander und gegen alle gehört zu den Staatsprincipien. Später wird hinzugefügt, für jede Kassette müßten drei Schlüssel vorhanden sein, einer für den Piovan, einer für den Nobile, einer für den Cittadino. Schließlich müssen es sogar sechs Schlüssel sein. Es kann nie genug sein der gegenseitigen Controlle.

Auch der Adelige, der als Proveditor a. s. die Kasse des Officio unter sich hatte, war dauernd durch seine beiden Amtsbrüder zu überwachen und durfte nur die Ausgaben des ordentlichen Etats durchführen. Unter dem 17. 6. 1545 bringt das Capitulare Bestimmungen über diese Kassenkontrolle im Officio, die bezeichnend sind, für das von Mißtrauen getragene Finanzgebaren der Signoria. Es heißt darin, die Kasse des Officio sei zu verwalten zwei bis drei Monate von einem der Signori. Hiernach habe er sie einem seiner beiden Kollegen zu übergeben. Über diese Übergabe muß ein Journal geführt werden und jedesmal hat der Scrivan bei einer Strafe von 100 Dukaten den Kassenbestand gegenzuzeichnen.

Der Rev. Patriarcha soll gebeten werden, bei den Kirchenvisitationen diese fromme Verordnung wegen der Armen zu empfehlen.

Bei Strafe von 10 Dukaten ist jeder Piovan gehalten, zur Zeit der Messe, nach Beendigung der Lesung des Evangeliums, die Armen zu empfehlen.

Die Proveditoren a. s. haben in Bezug auf diese Verordnung die gleiche Autorität wie in Sachen der Pest, so daß, falls von einem zum anderen Tag eine neue Verordnung nötig werden sollte, sie verfügen können, wie es nötig ist und sie für richtig halten.

Alle Abtissinnen der Klöster sollen inständig gebeten werden, sich der Mädchen anzunehmen, die ihnen durch die Deputierten überwiesen werden. (Prophylaxe gegen Prostitution.)

Die Konten der „scuola" des „Santo sacramento" sollen durch die Deputierten überprüft werden und wenn Überschüsse in der Kasse seien, sollen davon die Armen unterstützt werden.

Über die Art des Einsammelns der Almosen wird besonders verfügt. Einsammeln dürfen künftighin nur Brüder und Mönche mit Licenz der Proveditoren. Wird ein Plus an Almosen erzielt, so muß es für den Fall größerer Bedürfnisse aufbewahrt und geheim gehalten werden.

Falls unter den Armen Menschen mit unheilbaren oder heilbaren Krankheiten getroffen werden, müssen sie täglich dem Officio d. s. angegeben werden.

In Ansätzen bestand auch eine Krüppelfürsorge (Mozzi). Wenn Krüppel überhaupt im Stande sind, eine Arbeit zu verrichten, sollen sie dazu angehalten werden. Im Officio d. s. war ein besonderer Schreiber für Sachen der Krüppel angestellt.

Für Jugendliche (puti e garzoni) wird angeordnet, sie hätten sich bei einem Mönch aufzuhalten, damit es mit ihnen nicht übel ausginge. Auch wird angeordnet, Jugendliche sollten zusammen leben oder auf die Schiffe gehen.

Diese letzte Verordnung fand eine Ergänzung und Erläuterung im Jahre 1541. Um Jugendliche, die arbeitsfähig waren, vor Arbeitsscheu und Verwahrlosung zu bewahren, wird verfügt, alle ausfahrenden Schiffe hätten bei Strafe je einen Jugendlichen mitzuführen.

Unbeschäftigte und bettelnde Jugendliche wurden aufgegriffen, zunächst beim Officio, das über ein Gefängnis verfügte, interniert und dann an ein abfahrendes Schiff überwiesen. Sie waren durch die Schiffsführer zu beköstigen und zu bezahlen. Über ihr Guthaben hatte er ein Konto zu führen. Hierüber war er dem Officio d. s. zur Rechnungslegung verpflichtet. Das Endergebnis war, daß die Jugendlichen nach Beendigung der Reise ein Konto beim Officio hatten.

Für diesen Versuch, vagabundierende Jugend nützlich zu verwenden, zugleich aber sie an Arbeit und Freude am Gewinn aus der Arbeit zu gewöhnen, bot sich in einer Seestadt diese einzigartige Möglichkeit.

Auch die weibliche Jugend wurde geschützt. Am 5. 6. 1541 wurde verfügt, es werde mit 50 Dukaten Geldstrafe und Verbannung für zwei Jahre bestraft, wer Mädchen gegen Miete in seinem Hause wohnen lasse, wohl aber dürfen die Piovane in den Kirchen bekannt machen, daß wer aus Mildtätigkeit ein Mädchen aufnimmt, dies mit Genehmigung des Officio tun darf, jedoch unter Wahrung gesetzlicher Formalitäten.

Daß es hier wesentlich um Verhütung der Prostitution ging, zeigt eine Verfügung, die Kupplern oder Kupplerinnen androht, falls sie ein Mädchen oder Kind auf Abwege brächten, unmittelbar an die Grenze gebracht zu werden, daß ihr Besitz confisciert und sie für immer verbannt würden.

Mit seiner Armengesetzgebung war Venedig für den europäischen Raum jener Zeit weder führend noch beispielgebend. Nur waren die Beweggründe für das Handeln seiner Regierung andere als in den größeren Städten Mitteleuropas, in denen seit dem zweiten Jahrzehnt des 16. Jahrhunderts Armenordnungen eingeführt wurden.

Daß diese Ordnungen weitgehend übereinstimmten, so auch die venezianische mit den einige Jahre zuvor in Nürnberg, Wittenberg, Regensburg, Straßburg, Ypern, Brüssel u. a. erlassenen, ist sicher eine Convergenzerscheinung und beruht nicht auf Übernahme, obwohl für Venedig bei seinen Handelsbeziehungen genug Möglichkeiten dafür bestanden hätten.

Ursachen und Aufgaben waren fast überall die gleichen, daher auch jene Forderungen, wie sie z.B. Luther in der Schrift „An den christlichen Adel Deutscher Nation von 1520" formuliert hatte: Verbot des Bettelns, Ausweisung fremder Bettler, Unterscheidung von Bettlern und arbeitsfähigen Armen, Anstellung von Armenpflegern, Anhalten der Arbeitsfähigen zur Arbeit, Versorgung der Armen. Alles war nur ein Ausdruck der von der Zeit erkannten Notwendigkeit, für ein sociales Problem eine gesetzliche Lösung zu suchen.

Über die Gleichzeitigkeit dieser Gesetzgebung in den großen Städten ist viel diskutiert worden. Man hat einen Einfluß der Reformation angenommen, aber auch die Auswirkung wirtschaftlicher Faktoren, Preissteigerungen infolge des Übergangs von

Natural- zu Geldwirtschaft. ALFONS FISCHER [10] berichtet über die vorliegende Literatur.

Sollte nicht aber auch unausgesprochen und dennoch nicht minder wirksam ein dunkles Gefühl mitgesprochen haben, — eine klare Erkenntnis fehlte sicherlich ebenso, wie vor 1789 — für das Aufkommen eines anderen Denkens und Wollens bei der Masse der politisch und wirtschaftlich Schwachen und Enterbten, die im Begriff waren, sich aus den gottgewollten Bindungen des Mittelalters zu lösen. Eine weise Regierung mußte darauf bedacht sein, diesen Druck aufzufangen. Auch die sociale Gesetzgebung der zweiten Hälfte des vorigen Jahrhunderts war nicht nur ein spontanes, aus idealen und humanen Gründen gegebenes Geschenk an die social benachteiligten Volksschichten.

JOACHIMSEN [13] spricht davon, die Gefahr von Aufruhr und Widerwille zwischen Obrigkeit und gemeinem Mann in den Städten habe sich seit dem Anfang des Jahrhunderts gesteigert. Eine Angst vor dem gemeinen Mann als ein Zeichen der allgemeinen Stimmung in Deutschland mußte die städtischen Obrigkeiten besonders bedenklich machen.

Eine solche Motivierung für seine Armengesetzgebung fehlte Venedig im Gegensatz zu den Städten Mitteleuropas vollständig. Dieser Staat hatte keine Volksbewegungen zu fürchten. Die Notwendigkeit der Pestabwehr fand in der vom Staat von jeher anerkannten Verpflichtung der Fürsorge für die Armen nur ihr natürliches Correlat.

8. „Delle meretrice et ruffiani."

(Von den Dirnen und Kupplern.)

Zur Zeit Innocenz VIII, Cibo (1484—1493) sollen in Rom 6800 öffentliche Dirnen gezählt worden sein. In Venedig ist 1509 (Sanudo, Merlini) von 12500 Dirnen die Rede, beides Zahlen ohne jeden statistischen Wert. Wer hätte solche Erhebungen anstellen können!

Venedig hatte um 1525 rund 125000 Einwohner [1], ein Drittel davon etwa Frauen. Sollte man im Ernst annehmen wollen, jede vierte Frau in Venedig sei eine Straßendirne gewesen!

Seit dem späten Altertum galt die Prostitution selbst den Christen als legitim, nachdem der Heilige Augustin ihre Tolerierung gebilligt hatte, „ut vitetur pejus malum", um Schlimmeres zu verhüten, ein beliebtes Dilemmawort. „Aufer meretrices de rebus humanis, turbueris omnia libidinibus", „entferne die Dirnen aus dem öffentlichen Leben und du wirst alles durch die Begierden in Verwirrung bringen", hatte er erklärt.

Gering wird die Zahl der Dirnen in allen folgenden Jahrhunderten in den wachsenden Großstädten, besonders in den Seestädten, nicht gewesen sein und in die Tausende wird ihre Zahl auch in Venedig gegangen sein.

Strafbar war die Prostitution nicht und ebensowenig galt als strafbar das Gewerbe der Kuppler und Kupplerinnen. Aber schon seit dem Beginn des 14. Jahrhunderts war die venezianische Regierung bestrebt gewesen, sekundäre, das öffentliche Leben belastende Wirkungen des entehrenden Gewerbes einzuschränken. Abgesehen von allen die öffentliche Moral und Sitte schädigenden Einflüssen der Prostitution konnte die Ausbreitung von Seuchen durch das lichtscheue Treiben der Kuppeler und Dirnen in gefährlicher Weise befördert werden. Auf ältere Beschlüsse der Regierung nehmen auch die Erlasse Bezug, die nun seit der Errichtung des Magistrato d. s. in Zusammenhang mit der Pestabwehr in Hinblick auf die Überwachung der Prostitution erschienen.

Erst am 12. September 1539 wird durch einen Beschluß des Rates der X den Proveditoren a. s. die Kontrolle der Prostitution gemäß den hierüber vorliegenden Beschlüssen des Senats und des Rates der X übertragen.

Lange zuvor aber, kurz nach Antritt ihres Amtes im Jahre 1486 beziehen sich schon ihre ersten Verfügungen vom 20. März d. J. und eine weitere Verfügung vom 7. 5. 1490 auf Senatsbeschlüsse, die ganz offenbar auf ihre Veranlassung genommen worden waren, weil das Verhalten der Kuppler (ruffiani) und der Prostituierten die ernste Gefahr einer Einschleppung der Pest heraufbeschwor.

Jene erste Verfügung vom 20. 3. 1486, der ein Senatsbeschluß voraufgegangen sein muß, schreibt für die Kuppler das Tragen einer Kleidung von gelber Farbe vor. Da sie die Ursache so vieler Übel seien, müßten sie allen erkennbar sein, auch damit andere angesichts so üblen Beispiels sich eines so erniedrigenden Gewerbes enthielten. Zuwiderhandeln wird mit Auspeitschen von S. Marco bis zum Rialto und mit ewiger Verbannung gestraft. Zur Sicherung der Durchführung des Beschlusses wird dem Denuncianten eine Summe von 50 Lire aus dem Eigentum der Missetäter, oder, wenn sie nichts haben, aus der öffentlichen Kasse zugesichert.

Dieser Erlaß steht in enger Beziehung zu einem Senatsbeschluß vom 27. 3. 1486, dessen Tenor deutlich die Federführung der Proveditoren a. s. erkennen läßt. Es sei dem Officio von vielen Seiten angezeigt worden, an verschiedenen Stellen der Stadt würden die Meretrices durch ihren Umgang inficiert und inficierten ihrerseits viele andere, weil sie nicht nur Pestkranke (apestados) empfingen, sondern auch, wie dem Officio genau bekannt sei, an der Pest Verstorbene drei oder selbst vier Tage in ihrem Hause liegen ließen. Aus Furcht meldeten sie die Pestkranken nicht und schickten sie auch nicht fort. Zur gleichen Zeit aber empfingen sie ohne Scheu andere Besucher und inficierten sie auf diese Weise.

Der Senat beschließt darauf, künftighin dürften sich die Dirnen nur noch am Rialto aufhalten und nur dort wohnen an den üblichen Stellen (ad locum consuetum, qui in Rivoalto est) bei Strafe von 25 Rutenstreichen, sechs Monaten Gefängnis und 25 Lire, die an den Denuncianten und die Beamten zu verteilen sind.

Angenommen mit 137 Stimmen gegen 19, bei 10 Enthaltungen.

Unter dem 23. 3. 1490 wird der Beschluß im Senat mit den gleichen einleitenden Worten wiederholt, jedoch noch hinzugefügt, ein wie schlechtes Beispiel die Dirnen gäben, so daß viele dieses üble Gewerbe ergriffen. Die Geldstrafe wurde auf 100 Lire erhöht.

Angenommen mit 125 Stimmen gegen 2 bei 5 Enthaltungen.

Das Übel muß sich rasch verschlimmert haben.

Am 7. Mai des gleichen Jahres wiederholen dann die Proveditoren den Inhalt dieser Senatsbeschlüsse und die Verfügung, daß Kuppler und Kupplerinnen sich gelb zu kleiden haben und ersuchen die „Signori di notte“ (Domini noctis), die seit der Mitte des 13. Jahrhunderts bestehende, gefürchtete Sicherheits- und Sittenpolizei, und die Häupter der Sestiere, mit größter Gewissenhaftigkeit diese Beschlüsse zur Ausführung zu bringen. Sie bestimmen gleichzeitig, daß die von den Kupplern und Kupplerinnen zu erhebenden Strafsummen unter die Beamten verteilt werden sollen, bei denen die Anzeigen eingegangen seien und an die Denuncianten.

Das Officio d. s. macht also auf diese Gelder keinen Anspruch, wahrscheinlich weil ihm um diese Zeit die Überwachung der Prostitution noch nicht officiell übertragen war.

Am 12. 9. 1539 beschließt der Rat der X eine endgültige Regelung des Prostitutionswesens nach fünf Grundsätzen, zu denen den Proveditoren a. s. die Ausführungsbestimmungen überlassen bleiben, indem sie gleichzeitig — wie schon erwähnt — officiell mit der Aufgabe der Überwachung der Prostitution betraut werden.

Auch diesmal hat der Beschluß seinen Grund in der Befürchtung, die Pest könne von Mailand her, oder aus Piemont eingeschleppt werden. Es heißt darin, die Proveditoren a. s. hätten bereits angeordnet, arme und pestverdächtige Personen, von denen man annehmen könne, sie kämen von dort, dürften nicht nach Venedig kommen. Sie hätten demgemäß auch schon vier bis fünf Bettler und andere, die vor kurzem angekommen seien, wieder ausgewiesen. Sie hätten auch viele Leute dieser Art, um Ordnung zu schaffen und damit niemand ohne Licenz betteln solle, als Schiffsleute auf die Galeeren geschickt. Dadurch sei deren Zahl auf eine Minimum reduciert worden. Auch hätten sie Jugendliche in den Hospitälern gut untergebracht. Mit alledem hätten die Proveditoren ein gutes und lobenswertes Werk getan. Nun aber wird ihnen aufs Neue anbefohlen, die vielen Mißstände bei den öffentlichen Dirnen, die in den Straßen der Stadt herumstünden, zu regeln.

Die Proveditoren hatten hierauf vor dem Rat der X erklärt, ihr Auftrag und ihre Autorität erstrecke sich nicht auf die Angelegenheiten der Meretrices.

Zum Lobe Gottes und zur Ehre der Stadt beschließt der Rat darauf, es seien schon oftmals gute und ergebnisreiche Vorkehrungen getroffen worden betreffs der Bedingungen unter denen die Meretrices zugelassen würden, die seit zwei Jahren (gemeint über zwei Jahre) in die Stadt gekommen seien, um hier zu wohnen.

Sie dürfen nicht in der Nähe der Kirchen wohnen.

Sie dürfen nicht in den Stunden in die Kirchen gehen, in denen diese besucht werden von Frauen von gutem und ehrenhaftem Ruf.

Sie dürfen zu ihrer Bedienung keine Jugendlichen und keine Dienerinnen halten von einem Alter unter 30 Jahren.

Es ist dafür zu sorgen, daß zugereiste Dienstmädchen (massare), bis sie Aufnahme gefunden haben, nur in dem Hause einer Frau von gutem Ruf untergebracht werden, die für jedes Kirchenspiel zu bestimmen ist. Wenn das genauestens durchgeführt würde, so sei es außer zur Ehre Gottes von nicht geringem Nutzen für die Stadt.

Nunmehr wird gemäß der Autorität des Rates der X die Durchführung dieser Bestimmungen den Proveditoren sopra la sanità übertragen, denen jede Befugnis erteilt wird, alle ihnen nützlich und angemessen erscheinenden Verfügungen zur Ausführung des obigen Beschlusses zu treffen, als seien sie mit der gleichen Autorität erlassen wie durch den Rat der X.

Dieser Vorgang und die vorstehenden Erlasse und Verfügungen geben ein deutliches Bild von der Genauigkeit, mit der die Befugnisse der Behörden gegeneinander abgegrenzt waren. Die Proveditoren, veranlassen „parte", Beschlüsse des Senats, wozu sie laut dem Einsetzungsbeschluß ihres Magistrats berechtigt waren. Sie übertragen aber zunächst die Ausführung dieser Beschlüsse den zuständigen Dienststellen, den Signori di notte und den Capi der Sestiere, erheben auch keinen Anspruch auf die Strafgelder.

Als ihnen die Überwachung der Prostitution von dem Rat der X anbefohlen wird, betonen sie, sie seien nicht zuständig, und nun erst erfolgt die Erweiterung ihrer Befugnis auf dies Gebiet der socialen Hygiene.

Die Proveditoren erlassen nun unverweilt ausführliche Ausführungsbestimmungen, die in getreuer Übersetzung wiederzugeben berechtigt erscheint:

„Auf Befehl der Magnificenten Proveditoren a. s. wird auf Grund der Autorität, die ihnen von dem Excellenten Consiglio der X vom 12. September verliehen ist, öffentlich bekannt gemacht und angeordnet:

Alle fremden Meretrices, die erst seit zwei Jahren in Venedig sich niedergelassen haben, auch wenn sie aus Gebieten und Orten unter dem Illustrissimo Dominio stammen, haben innerhalb der kommenden 15 Tage die Stadt zu verlassen bei Strafe, von S. Marco bis zum Rialto ausgepeitscht zu werden, sechs Monaten strenger Haft und 100 Lire in kleiner Münze, die vollständig, unter Geheimhaltung der Anzeige, der Denunciant erhält.

Sie werden sofort aus der Stadt herausgebracht und dürfen unter obiger Strafe niemals wieder zurückkehren, noch können sie ganz oder teilweise begnadigt werden. Jedoch dürfen sie, falls sie wünschen, es solle ihnen die Prügelstrafe und das Gefängnis erlassen werden, außer der obigen Geldstrafe noch 200 Lire in Kleingeld zahlen zu Gunsten des Armierungsdienstes der Galeeren.

Von Zeit zu Zeit hat eine genaue Untersuchung (diligente inquisitione) stattzufinden, und, falls sie dabei wieder angetroffen werden, verfallen sie unter die genannten Strafen.

Da nun unzählige Dirnen in den öffentlichen Straßen und an den Hauptplätzen der Stadt herumstehen und durch die Ausübung ihres Gewerbes (loro arte) ein übles Beispiel für alle geben und das besonders zur Zeit, wenn die Kirchendienste stattfinden, werden sie mit ihrem üblen Tun oftmals zur Ursache von skandalösen Handlungen oder Unterlassungen, die tags und nachts in der Stadt begangen werden. Daher wird nachdrücklich diesen schamlosen öffentlichen Meretrices befohlen, daß sie innerhalb der nächsten acht Tage sich in die Bordelle oder andere öffentliche Häuser zu verfügen haben, die für ihr Gewerbe geeignet sind. Sollten diese räumlich nicht ausreichen, so werden ein oder mehrere Örtlichkeiten dazu angewiesen werden, wo dafür die geeigneten Voraussetzungen gegeben sind. Dort haben sie zu bleiben und unter den Formen, wie durch Beschlüsse hierüber zu verschiedenen Zeiten bestimmt. Sollte nach Ablauf dieser acht Tage noch festgestellt werden, daß sie ihr Leben fortgesetzt haben, indem sie an anderen Stellen der Stadt wohnen bleiben, so werden sie unmittelbar von S. Marco bis zum Rialto ausgepeitscht, kommen für zwei Monate in strenge Haft und haben 25 Lire in kleiner Münze zu zahlen, die der Denunciant unter Geheimhaltung erhält. Nach Ablauf der Gefängniszeit werden sie aus der Stadt getrieben und dürfen niemals zurückkehren.“

Diesem Absatz des Erlasses widerspricht der weitere Text insofern, als jetzt davon die Rede ist, sie dürften auch in der Stadt Zimmer mieten. Es scheint aber, daß dieser Text sich bezieht auf eine später zu erwähnende Kategorie der Dirnen, denn es wird jetzt gesprochen von „meretrices over cortesane“:

„Auch dürfen Meretrices oder Kurtisanen, von welcher Lebenshaltung sie auch seien, nicht wohnen oder ein Zimmer mieten irgendwo in der Umgebung von Kirchen und geweihten Orten. Sie geben dadurch ein schlechtes und skandalöses Beispiel denen, die dorthin kommen, um Gottes Wort zu hören. Auch dürfen die Kurtisanen und Meretrices in keine Kirche gehen an Festtagen oder besonderen Verehrungstagen dieser Kirchen, damit sie nicht zur Ursache üblen Beispiels werden, indem sie sich mit Worten und lasciven Gebärden an diejenigen heranmachen, die in diese Kirchen mit guter Absicht kommen. Das ist eine Schande für die Stadt, eine Entehrung und Entweihung dieser heiligen Orte und eine Beleidigung Gottes.

Gehen sie an anderen Tagen in diese Kirchen, so dürfen sie sich nicht aufhalten, niederknien und beten bei den Bänken, wohin Nobili und Cittadini guten und ehrenhaften Standes sich begeben. Sie müssen sich getrennt und entfernt von jenen aufhalten und sich hüten, Anstoß zu erregen bei Personen von Stand.

Sie dürfen auch nicht beichten gehen zu beliebiger Zeit und besonders nicht zwischen der Nona und der Vesper, um nicht die zu beflecken, die zu dieser Zeit in frommer Gesinnung zur Kirche kommen.

Sie werden mit 200 Dukaten — ihre Einnahmen müssen gut gewesen sein — für jeden Fall bestraft, wo sie gegen die obigen Bestimmungen verstoßen. Hiervon erhält der Ankläger die Hälfte, die andere Hälfte bekommen die Hospitäler und frommen Werke (lochi pii) der Stadt nach Gutbefinden der Proveditoren.

Es genügt aber nicht allein, allen Mißständen vorzubeugen, die durch die Meretrices verursacht werden, man muß auch alle Möglichkeiten aufheben, daß Mädchen, die mit ihnen im gleichen Hause wohnen und mit ihnen zusammenkommen, nicht durch sie verdorben und auf den schlechten Weg gebracht werden. Das nämlich ist der wesentlichste Grund, daß diese unehrenhafte Zahl bis ins Unendliche sich vermehrt und zum vollständigen Ruin der Mädchen führt, die sonst ein ehrenhaftes Leben in einem anderen Beruf (altro exercitio) durch ihrer Hände Arbeit führen könnten.

Daher muß befohlen werden, daß keine Kurtisane oder Meretrix von schlechtem Lebenswandel, kein Kuppler und keine Kupplerin sich erdreisten und unterstehen darf, in ihrem Hause unter irgendeiner Form eine fremde Bediente zu halten in einem Alter unter dreißig Jahren bei zwei Monaten strenger Haft, Zahlung von 200 Lire, die vollständig der Ankläger erhält. Sollte eine solche Dienerin oder ein Mädchen der Genannten ihre Herrinnen wegen dieses Zuwiderhandelns anzeigen, so sind sie von diesen unmittelbar und ohne Abzug für ihre Dienste zu entlohnen und bekommen die Hälfte der Geldstrafe, die andere Hälfte geht an die Hospitäler und fromme Stiftungen nach Gutbefinden der Proveditoren.

Zeigten die Dienerinnen sie aber nicht binnen 8 Tagen an nach Bekanntmachung dieses Erlasses und wird es von anderen angezeigt, so werden sie von S. Marco bis zum Rialto ausgepeitscht und für zwei aufeinanderfolgende Jahre aus der Stadt und ihrer Umgebung verbannt, haben 25 Lire in Kleingeld aus ihrem Besitz zu zahlen, wenn sie etwas haben, andernfalls wird von unserem Officio diese Summe aus den Strafgeldern der Kurtisane an den Ankläger gezahlt.

Unter Bann gestellt werden alle öffentlichen und üblen Örtlichkeiten, wo die Meretrices zusammenkommen und alle Arten von Mißständen entstehen. Es wird auch verboten, daß irgendein Kuppler oder eine Kupplerin in ihren Häusern Meretrices irgendwelcher Art und Lebenshaltung zu ihrem Gewinn aushalten mit Ausnahme in öffentlichen Häusern und dafür bestimmten Bordellen, unter den obigen strengen Strafen.

Wenn Ankläger vorhanden sind, so sollen sie restlos die Strafsummen erhalten, damit jene Grund haben, sich einem ehrenhaften Gewerbe zuzuwenden und nicht zum Anlaß der vielen Mißstände (errori) zu werden, die sich in dieser Stadt entwickeln.

Es zeigt sich aber auch, daß in der Stadt sich eine ganz üble Gewohnheit eingeführt hat, daß infame und ehrlose Menschen, Kuppler, unter dem Schein und Namen von Herbergen für Dienstmädchen üble Machenschaften betreiben und aus ihren Häusern Bordelle für solche Mädchen machen. Diese treten dann später bei Leuten von guter Lebensführung und Stand in Dienste, können ein übles Beispiel geben und Familien oder Teile von ihnen anstecken (contaminar), die solche Dienstmädchen eingestellt haben in dem Glauben, sie seien anständig.

Daher wird befohlen, daß Niemand, welchen Standes und welcher Lebenshaltung er auch sei, sich erdreisten und unterstehen darf, weibliche Wesen oder zugereiste Mädchen aufzunehmen, die eine Unterkunft in der Stadt suchen, ohne Anordnung und Erlaubnis unseres Officio, bei Strafe von zwei Monaten strenger Haft und 50 Lire in Kleingeld, die restlos der Ankläger aus dem Besitz der Betroffenen erhält, wenn nichts da ist, aus der Strafsumme. Nach Verbüßung der Gefängnisstrafe werden sie für drei aufeinander folgende Jahre aus der Stadt und ihrer Umgebung verbannt.

Sollten solche Mädchen zum Officio kommen und diejenigen anzeigen, die sie aufgenommen und dem zugestimmt haben, daß sie in deren Hause unehrenhafte Dinge täten, so werden sie von jeder Strafe absolviert und bekommen die oben genannten 50 Lire. Kommen die Männer oder Frauen, die die Unterkunft gewährt haben, um sich selbst anzuzeigen, so werden sie absolviert und wird dann gegen die Frauen und Mädchen vorgegangen unter Anwendung der genannten Strafen.

Alle diese Delinquenten werden nicht eher aus dem Gefängnis entlassen, bis sie die Geldstrafe erlegt haben.

In diesen und allen anderen oben genannten Fällen kann keine Begnadigung erfolgen, vielmehr können auch noch schwerere Strafen verhängt werden, gemäß den Verfahren, die etwa die Proveditoren, die im Lauf der Zeit (di tempo in tempo) dem Officio vorstehen werden, für angemessen halten könnten.

Die Denunciationen können gegen die Delinquenten vorgebracht werden persönlich, aber auch durch Zettel und Niederschriften (bolletini et polize), und unter den gleichen Formen und

Bestimmungen auch bei den Exc. Signori, die die Gotteslästerungen überwachen. Diesen wird dann auch die Geldstrafe überwiesen werden und es wird immer geheim gehalten werden."

Was in den vorstehenden Erlassen nicht deutlich ausgesprochen ist, aber durch die Worte „meretrices e cortesane" angedeutet ist, ist die Tatsache, daß in Venedig im 16. Jahrhundert und auch später noch aus der großen Masse der öffentlichen Dirnen, der Meretrices sensu strictiori, eine Sonderklasse, die „cortegiane honorate", herausgehoben war.

Die Freunde und Beschützer dieser Frauen waren Herren des venezianischen Adels, aber auch Männer, wie Aretin und Tizian. Einem Teil von Tizians Darstellungen der Venus dürften Damen dieser Kreise zu Modell gestanden haben.

Ein Engländer, der CONTE DI OXFORD [17] hat über sie ein Werk veröffentlicht: „leggi e memorie Venete sulla Prostitutione fino alla caduta della Republica" und auf seine Kosten 1871/72 drucken lassen. Ein ausführliches Referat ist im Arch. Veneto Bd. XI, erster Teil, gegeben.

Die Zahl dieser großen Kokotten Venedigs bewegte sich um 200 bis 215. Ihre Liebesleben — sit venia verbo — vollzog sich in der Form kleiner Herrenclubs, in denen sie in gut ausgestatteten Räumen, die zugleich Spielsalons waren, als Hausherrinnen ihre Stammgäste empfingen, sie selbst vornehm gekleidet und frisiert. Bilder Carpaccios und Palma il vecchios, wohl auch jene Gemälde Tizians, geben davon eine Anschauung.

Im 16. Jahrhundert, als die vornehme Venezianerin im Alltag ein zurückgezogenes Leben führte, waren auch Gäste der Stadt von Distinction, selbst Heimricht III, König von Frankreich, auf die Gunst dieser Priesterinnen des Eros angewiesen.

Auf ihr Dasein wird die seit dem 16. Jahrhundert rasch zunehmende Ehescheu weiter Kreise des venezianischen Adels zurückzuführen sein, möglicherweise — ein günstiger Revers der Medaille — die relativ geringe Verbreitung des „mal francese" in diesen Kreisen.

Aus den Jahren 1580 und 1583 wird von einem Katalog berichtet: „Dei principali e piu honorate cortegiane di Venezia, il nome delle loro pieze e le stanze, dove loro habitano, e di piu ancor vi narra la contrata ove sono le loro stantie et etiam il numero de li danari che hanno di pagar quelle Gentilhuomini et al che desiderano entrar nelle sua gratia."

(Von den wichtigsten und geehrtesten Kurtisanen Venedigs, den Adressen ihrer Wohnungen und dazu noch der Kirchspiele, in denen ihre Wohnungen liegen, schließlich den Summen, die von den Adeligen zu zahlen sind, die sich ihrer Gunst zu erfreuen wünschen.)

Es gab auch Abonnements auf den Besuch dieser Privatclubs und die Möglichkeit, für 1200 Scudi in Gold auf alle zugleich abonniert zu sein.

Von alledem enthält das Capitulare nichts, außer der oben erwähnten Trennung in „meretrices e Cortesane".

Es ging um eine vom Staat geduldete, aus gesellschaftlichen Gründen sogar in gewissen Grenzen protegierte und jedenfalls von der öffentlichsten Moral nicht beanstandete Einrichtung, die erst im 18. Jahrhundert mit einer allgemeinen Lockerung der Sitten ihre Bedeutung für die vornehme Männerwelt verlor.

Es konnte natürlich nicht ausbleiben, daß den Freunden der „cortegiane honorate" daran gelegen sein mußte, sie vor der Strenge der Gesetze zu schützen oder wenigstens deren Anwendung auf ihre Lebenshaltung zu mildern.

Da ist es nun wiederum für das unbeirrbare Gerechtigkeitsgefühl bezeichnend, wie es in der Geschäftsführung seiner Magistrate immer wieder zum Ausdruck kommt, daß auch der Magistrato d.s. nicht vor derartigen Wünschen der Nobili kapituliert. Denn sicherlich auf seine Veranlassung faßt der Rat der X im April 1543 den folgenden Beschluß: „Es ergeht unter der Autorität dieses Rates und wird feierlich bestimmt, daß keiner unserer Nobili oder jemand anderes, welchen Standes er auch sei, weder persönlich noch durch schriftlichen Antrag noch auf andere Weise mit Bitten oder Einspruch sich beim Officio d. s. für irgendeine anrüchige Person (persona infama) verwenden darf, die dort angeklagt ist, dies bei Strafe von 100 Dukaten, die der Ankläger erhält und bei Verbannung von zwei Jahren aus dem Großen Rat und, sei es ein Nobile oder kein Nobile, bei Verbannung aus Venedig und seiner Umgebung.

Dieser Erlaß soll dauernd oberhalb des Tribunals des Officio angeschlagen sein, während sie, — die Proveditoren, — dort sind, und wenn einer unserer Nobili kommt, so ist der Notar unter Strafe der Amtsenthebung verpflichtet, ihm diesen Erlaß vorzulesen. Wenn der Betreffende dann nicht unmittelbar das Officio verläßt, sondern darauf besteht, irgendeine Person zu favorisieren, ist jeder Angehörige des Officio verpflichtet, unmittelbar bei den Häupter dieses Consiglio — also bei den Capi des Rates der X, der höchsten Gerichtsinstanz, — eine Anklage vorzubringen bei Strafe der Entlassung.

Dieser Beschluß soll im Großen Rat bekannt gemacht werden zur Kenntnisnahme durch Alle und soll registriert werden im Capitulare des Officio d. s.".

Das Vertrauen auf die Gunst ihrer lieben Gäste wird dennoch die Kurtisanen oft genug ermutigt haben, sich über die Verordnungen hinwegzusetzen. Der eleganten Frau, die Heimricht III seinen Aufenthalt verschönte, wird man schwerlich lästig gefallen sein.

Der Luxus, den sie in der Ausstattung ihrer Wohnungen und in ihrer Kleidung trieben, erregte zunehmend Anstoß. Die Bestimmungen erfuhren in der zweiten Hälfte des Jahrhunderts erneute Verschärfungen.

Immer wieder wurde ihr Auftreten in den Kirchen gerügt. Es wird ihnen verboten, sich zu kleiden wie verheiratete Frauen oder Witwen. Auch wird ihnen untersagt, in Gondeln bei den Kirchen vorzufahren „con habite alla romana".

Auffallen muß, daß im Rahmen der Erlasse über die Prostituierten, abgesehen von der Befürchtung, es könnte durch ihr Treiben die Pest verbreitet werden, nirgends von der Übertragung von Geschlechtskrankheiten die Rede ist. Hinsichtlich der Gonorrhoe muß man annehmen, daß sie ein so allgemein verbreitetes Leiden war, daß ein Überwiegen ihrer Verbreitung durch die Prostituierten entweder garnicht auffiel, oder nicht für erwähnenswert gehalten wurde. Die Verbreitung der Syphilis aber war in den oberen Schichten der Bevölkerung wesentlich geringer als im übrigen Italien, wurde auch gerade durch die Institution der „cortegiane honorate" in engen Grenzen gehalten, im Volk durch die oben erwähnten Bestimmungen über die Isolierung von Syphilitikern im „ospedale dei incurabli".

9. „Delle Medici Physici, Barbieri et Spicieri."

(Von den Ärzten Physici, den Barbieren und Apothekern.)

Seit dem 13. Jahrhundert bestand in Venedig eine behördlich anerkannte Zunft der Ärzte, „ars medicorum", der sowohl die ‚Medici Physici", wie die Chirurgen angehörten. Ihr Capitulare wurde vom „Magistrato della justicia vecchia“ im April 1258 erlassen. Auf dies Capitulare hatten die Mitglieder der Zunft einen Eid zu leisten.

Anfang des 14. Jahrhunderts bestanden zwei Collegien, eines der Physiker, eines der Chirurgen. Von dem ersten ist bekannt, daß es 1310 seinen Sitz hatte in der „stanza del officio dei camerlenghi“ am Rialto.

Sowohl für die Physiker wie für die Chirurgen wurde 1321 eine Prüfung vorgeschrieben, für die Chirurgen unter Hinzuziehung des Priors und seiner Consilarij des Collegiums der Physiker. 1368 wurde eine medizinische Akademie eingerichtet, an der diese Prüfungen abzulegen waren.

Übrigens aber bemühte sich der Staat von jeher um den Zuzug erfahrener Ärzte aus dem Ausland. Die erste Berufung eines Taddeo Alderotti ist datiert vom 4. 6. 1293. Aus späterer Zeit sind Listen solcher zugezogenen Ärzte erhalten. Besonders in Pestzeiten wurde Ärzten aus anderen Städten Italiens die Arbeit am Lazaretto vecchio durch hohe Gehälter anziehend gemacht: Acht Dukaten im Monat und Spesen, sowie freie Beköstigung. Auch Belohnungen für erfolgreiche Dienstleistungen wurden zuerkannt. War aber die Seuche abgeklungen, so reducierte die sparsame Regierung das Gehalt auf die Hälfte oder entließ den Arzt, „per non esser bisogno per Iddio gratia dell suo opere“, da man Dank Gottes Gnade seiner Dienste nicht mehr bedürfe. Das Repertorio des Caogrosso berichtet über einen solchen Fall aus den Jahren 1498 bis 1500.

Das Capitulare der Ärzte hier zu behandeln, würde den Rahmen dieses Berichtes weit überschreiten. Es bedarf einer gesonderten, ausführlichen Würdigung.

Einen Anlaß zum Eingreifen der Proveditoren a. s. in die ärztliche Versorgung der Bevölkerung gaben Mißstände, die sich während der Pestepidemien herausgebildet hatten und in denen sie eine zusätzliche Gefahr für die Ausbreitung der Seuche sahen.

Mit einer Verfügung vom 17. 3. 1505 ziehen die Proveditoren eine scharfe Grenze zwischen den Befugnissen der „Dottori de collegio de physici“ und den anmaßenden Bestrebungen unberufener Personen (persone imperiti), nämlich der Barbiere und Chirurgen, „in physicis“, d.h. in Fällen innerer Krankheiten zu behandeln, hierfür Arzneimittel zusammenzustellen und den Kranken zu verkaufen. Das sei entgegen den Statuten des „Collegio de physici“.

Zum allgemeinen Wohl wollen die Proveditoren für deren unbedingte Befolgung sorgen und machen daher allgemein bekannt, daß kein Barbier, Chirurg oder irgend jemand sich erdreisten solle, in der Stadt jemanden bei einer inneren Krankheit (in physicis) zu behandeln, wenn er nicht doctoriert, sodann examiniert und licenciert sei durch das Collegio de Physici. Solchen Personen ist auch verboten, Medicamente in den Apotheken zu kaufen und an Kranke zu verkaufen unter den Strafen, die von dem Collegio als unwiderruflich angedroht sind, nämlich 50 Lire sowohl für die, welche behandeln, wie für die, welche Arzneien gegeben haben, „totiens quotiens".

Verordnet wird ferner, daß, wer nur für Chirurgie allein doctoriert und zugelassen ist, innere Leiden auch dann nicht behandeln darf, wenn sie zu einem chirurgischen Fall komplicierend hinzugetreten sind. Der Chirurg wird wie oben bestraft, wenn er in einem solchen Falle nicht einen Physiker hinzugezogen hat. Wenn es sich in einem solchen chirurgischen Fall um einen Armen handelt so ist der hinzugezogene Physiker unter Gewissenspflicht („sotto debito di conscientia") gehalten, zur Consultation zu kommen, wenn es sich um eine notwendige Sache handelt, und zwar ohne Entgelt. Weigert er sich, so hat er 25 Lire zu zahlen.

Es wird also ein hohes Berufsethos bei den Internisten vorausgesetzt.

Durch päpstliches Privileg war jüdischen Ärzten die Behandlung von Christen erlaubt. In einem Erlaß vom 3. 3. 1550 wird für Venedig verfügt, daß sie nicht der Verpflichtung zur Ablegung eines Examens unterworfen seien.

Zur Zeit der Pestepidemie, die sich an den Cambraikrieg anschloß, sehen sich die Proveditoren genötigt, in einem Erlaß vom 29. 10. 1511 dagegen einzuschreiten, daß Physici, Chirurgen und Drogisten (herbolai) Pestkranke behandeln, ohne die vorgeschriebene Anzeige zu erstatten.

Bei nicht allzu schweren Pesteinbrüchen werden die üblichen Konsequenzen der Anzeige, Überführung der Kranken in das Lazaretto vecchio, Sequestration des Hauses, Abtransports des Inventars zur Entseuchung Anlaß genug dazu gegeben haben, Krankheitsfälle — es war ja nicht immer Pest — zu verheimlichen, und oft genug werden die Ärzte usw., diesen Wünschen ihrer Klienten nachgegeben haben. Schauen wir nur nicht allzu überheblich auf diese Übertreter!

Die Behörde aber sah deutlich das Gefahrvolle solcher Handlungsweise und hatte ihre Erfahrungen. Allen Physikern, Chirurgen und Apothekern männlichen und weiblichen Geschlechts, die sich erdreisten oder sich unterstehen, einen an Pest Erkrankten zu behandeln, ihm irgendwelche Heilmittel zu verabreichen, haben sofort dem Officio der Proveditoren die zu melden, die sie behandelt oder mit Heilmitteln versehen haben. Die Strafsumme beträgt 200 Lire, die Hälfte für den Ankläger, die andere für die Lazarette. Außerdem kostete es sechs Monate strenger Haft, die erst beginnt, wenn die Strafsumme erlegt ist und es folgt dann eine Verbannung für zwei Jahre aus Venedig und seiner Umgebung.

Ein ausführlicher Erlaß vom 6. 11. 1511 befaßt sich mit den Apothekern.

Zur Kenntnis der Proveditoren ist gekommen, daß sich in den Apotheken der Stadt massenhaft (molte et molte) Latwergen, Rhabarber, Manna, Cassia und andere Drogen befinden, wie sie zur Kräftigung und zu Heilmitteln für die Kranken verarbeitet werden, die aber den Kranken weder Heilung noch Wiederherstellung bringen, vielmehr ihnen geradezu aufs Schwerste schaden, weil sie verdorben, stinkend, ranzig und von schlechter Qualität sind und nicht den Bestimmungen entsprechen, die hierüber erlassen sind.

Im Belang des öffentlichen Wohls beschließen die Proveditoren daher in dieser Sache, die die Gesundheit jedes Einzelnen betreffe, bezüglich der Heilmittel Folgendes:

Sie lassen alle Apotheker wissen, fände man künftighin in ihren Apotheken, Häusern, Depots oder anderswo Drogen der oben genannten Art, wie sie für die Kranken gebraucht würden, die verdorben, nicht gut und nicht den Bestimmungen entsprechend seien, so würden „ipso facto“ alle diese Waren sofort beschlagnahmt und verbrannt. Außer allen übrigen für solche Fälle festgesetzten Strafen haben sie 100 Dukaten in Gold zu zahlen, wovon die Hälfte der Denunciant erhält, wenn es wahr ist. Die andere Hälfte bekommen die Lazarette. Ist der Denunciant ein Apothekergehülfe oder ein anderes angestelltes Mitglied des Haushalts, so erhält er die ganze Strafsumme und muß außerdem sein ganzes Gehalt bekommen, als habe er seine Zeit ausgedient.

Mißstände im Apothekenwesen scheinen aber schwer auszurotten gewesen zu sein. Ein Erlaß der Proveditoren vom 26. 6. 1540 betrifft unzulässige Composita von Arzneimitteln, die zur Ursache würden, Menschen zu inficieren und zu töten. Das sei wahrlich Feindschaft gegen die göttliche Majestät. Es darf daher niemand, welches Standes er auch sei, Simplicia oder Composita, die zu den Heilmitteln gehören, in einem Laden oder sonst irgendwo öffentlich oder privatim verkaufen, wenn er nicht eine Licenz hat von den Aufsehern (Soprastanti) der Apotheken, bei Strafe von 200 Lire in Kleingeld, die Hälfte für den Denuncianten, die andere zu verteilen nach dem Gutbefinden der Signori, außerdem dreier Monate strenger Haft.

Ferner darf kein Apotheker innerhalb des Gemeinwesens Composita oder Simplicia zu Behandlungszwecken herstellen und verkaufen, sofern er nicht examiniert und approbiert ist durch die genannten Soprastanti.

Apotheker, welche Composita nicht herstellen wollen oder es nicht können, dürfen keine Gehülfen in ihrer Apotheke anstellen, die etwa dispensieren und komponieren ohne durch die Aufseher examiniert oder approbiert zu sein. Strafen wie oben.

Gegen Mißstände in der Arzneimittelversorgung der Schiffe richtet sich ein Erlaß vom 31. 5. 1540.

Es habe sich herausgestellt, daß durch die Barbiere und Chirurgen der Schiffe (Nave, navillij et galie armate) allerhand Betrügereien und Verfälschungen verübt würden bei den Salben, Pflastern, Latwergen, Pillen und ähnlichen Dingen, die sie mit sich brächten. Diese entsprächen nicht den Bestimmungen, die für Composita gelten, seien schlecht und von unvorschriftiger Qualität. Sie würden zu schwerem Schaden für die armen Kranken.

Im Belang der Gesundheit der armen Seefahrer und anderer Personen beschließen daher die Proveditoren einmütig:

Kein Barbier oder Chirurg kann sein Gehalt bei der Armierungskammer abheben, wenn er nicht zuvor beim Officio d. s. sich angemeldet hat und sein Arzneikasten durch die Soprastanti des Officio geprüft worden ist bei Strafe von sechs Monaten strenger Haft, zwei Jahren Verbannung und zweihundert Lire in Kleingeld.

Dieser Beschluß wird der Armierungskammer mitgeteilt, wo er zur Kenntnis von Jedermann registriert werden muß.

Die Aufseher des Officio sind verpflichtet, jedem Antrag eines Barbiers oder Chirurgen, seine Medikamente zu prüfen, zu entsprechen, bei Strafe der Amtsenthebung. Diese Bestimmung hatte wohl den Sinn, Verzögerungen in der Abfahrt der Schiffe zu vermeiden.

Die sehr ausführlichen im Laufe der Zeit immer konsequenter durchgeführten Bestimmungen während des Herrschens der Pest sind, wie alle sonstigen, nur dem Tagesbedürfnis entsprechenden Verfügungen, bis zum Jahre 1550 nicht in das Capitulare aufgenommen worden. Das ändert sich zu Zeiten des großen Pesteinbruchs von 1556. Für diese Zeit und besonders für die große Epidemie von 1575/77 bringen sowohl Capitulare wie das Repertorio des Cogrosso nicht nur alle diese Verfügungen, sondern auch eine Darlegung der endgültigen Organisation des Officio d. s. Hierüber ist berichtet in der Schrift „Pest in Venedig 1575/77", RODENWALDT 1953.

Hier sei noch aus dem Notatorio berichtet, daß während der Epidemie des Jahres 1534 mit Zustimmung des Collegio der Ärzte zugestanden wurde, einige Leichenöffnungen („Notomia" = Anatomia), zu verrichten, „accio si possi mediante l'agiutto de S. Iddio trovar remedio a tal malla influentia", um mit Hülfe Gottes eine Abhülfe gegen diesen schlimmen Einfluß (hier einmal wieder an kosmische Einflüsse gedacht), zu finden.

Es war das nicht die erste Autopsie in Venedig.

ROMANIN [21] berichtet auf Grund von Angaben im „liber Brutus" der Beschlüsse des Großen Rates, Mondini sei der erste gewesen, der in Bologna eine Sektion ausgeführt habe. Nur vier Jahre später sei er nach Venedig berufen worden, um hier Unterricht zu erteilen, in dem jeder Arzt und Chirurg verpflichtet wurde, einer anatomischen Untersuchung beizuwohnen. Dieser Beschluß bezeuge den aufgeklärten Geist der Beherrscher der Republik, die es verstanden hätte, sich über die Vorurteile des Jahrhunderts gegenüber so abstoßenden Untersuchungen zu erheben.

An anderer Stelle heißt es, die erste gesetzlich sanktionierte Anatomie in Venedig habe am 27. 5. 1368 stattgefunden. (Großer Rat: „Novella".)

Am 23. 1. 1531 hatten der Prior des Collegio der Medici und seine Compagni dargelegt, es sei seinerzeit gesetzlich festgelegt worden, daß jedes Jahr zu öffentlichem Nutzen eine Anatomie stattfinden solle. Nun seien aber viele Jahre vergangen, ohne daß es geschehen sei, zu großem Schaden derer, die von den Ärzten behandelt würden und besonders der Chirurgen. Sie beantragten, jene Bestimmung künftighin wieder zu befolgen.

Die Illustrissima Signoria erkennt diese Darlegungen an und bestimmt, daß die Leiche des ersten, der wegen eines Verbrechens verurteilt sei, gemäß dem obigen Gesetz dem Collegio der Ärzte zum Zweck der Anatomie überwiesen werden solle.

Einige Jahre später, am 8. 2. 1549 befindet sich der Senat in der grauenhaften Lage, dagegen einschreiten zu müssen, daß in Padua einige Verbrecher unter Nichtachtung aller göttlichen und menschlichen Gesetze Leichen heimlich ausgegraben und eine private Anatomie ausgeführt haben, um Fett zu gewinnen und die Knochen zu verkaufen.

Nicht unwahrscheinlich ist aber, daß diese Motivierung erfunden war, vielmehr in der Stadt der medizinisch-anatomischen Studien wissenschaftliche Beweggründe vorgelegen haben.

Den Rettori von Padua, die diese Fälle voll sittlicher Entrüstung in Venedig zur Anzeige gebracht hatten, wird aufgetragen, die Missetäter schwer zu bestrafen und aus dem Bereich des venezianischen Staates zu verbannen, Complicen aber, falls sie denunciert haben, straflos zu entlassen.

10. „Circa li Hebrei.“

(Betreffs der Juden.)

Seit dem 12. Jahrhundert hatte Venedig zur Niederlassung von Juden Stellung genommen. Ursprünglich war sie ihnen im Bereich der Stadt verwehrt. Zeiten, in denen ihnen von Mestre aus, ihrem üblichen Aufenthaltsort auf dem Festland gegenüber der Stadt, für befristete Zeit der Aufenthalt auf der heute noch nach ihnen Giudecca genannten Insel Spina longa gestattet wurde (1374), wechselten mit solchen, in denen ihnen jeder Zuzug versagt blieb (1374). Der Zustrom von Juden aus dem Orient nach dem Fall von Konstantinopel war nicht geeignet, die ablehnende Haltung der Regierung zu vermindern. In der Stadt wurde schon seit langem darüber geklagt, wieviel Besitz (totum mobile) in jüdische Hände gelange (Kretschmayr [14]).

Wohl hauptsächlich, um sie zuverlässig überwachen zu können, wurde im Jahre des Friedens von Brüssel, 1516, die Aufenthaltserlaubnis auf der Giudecca endgültig aufgehoben und der Judenschaft das noch heute mit seinen fünfstöckigen Mietskasernen vorhandene Ghetto am Rande des Sestiere Canareggio, angelehnt an die anderen Contraden dieses Sestiere, als einziger und ausschließlicher Niederlassungsort angewiesen.

Zu den in diesem Jahre erlassenen Bestimmungen über das Ghetto gehört ein Erlaß der Proveditoren a. s. vom 14. 4. 1516.

In ihm wird allen Ebräern, die in der Stadt wohnen und für diejenigen, die in Zukunft zuziehen werden, bekannt gemacht, es müßten die vielen Mißstände (scandali) vermieden werden, die durch sie verursacht würden, indem sie aus vielen Orten Güter (gemeint sind alte Sachen, Kleidung etz.) in die Stadt brächten, was zur Ursache schwerer Seuchen würde. In Zukunft haben daher alle Ebräer, die von irgendeiner Krankheit befallen sind, welche es auch sei, sofort beim Officio d. s. den Tag der Erkrankung anzuzeigen. Kommen sie zu Tode, so müssen sie ebenfalls zum Officio kommen (sic! Wie sie das machen sollten, wird nicht verraten), den Todestag anzeigen und den Begräbnisschein in Empfang nehmen. Eine Geldstrafe wird angedroht von 100 Dukaten, der Lire zu vier Soldi pro Dukaten (eine auffallend hohe Strafe), die Hälfte für den Denuncianten, die andere den Lazaretten.

Am 10. 2. 1519 ordnen die Proveditoren an, bei jedem von auswärts gekommenen Juden, der erkrankt sei, habe der, welcher ihn aufgenommen habe, dem Officio d. s. Meldung zu machen bei Strafe von 100 Dukaten (s. oben). Bei gleicher Strafe darf niemand beerdigt werden, ob er nun erkrankt von auswärts gekommen oder in der Stadt wohnhaft gewesen sei, bevor der Tod dem Officio d. s. gemeldet und ein Begräbnisschein abgeholt sei.

Wenn auch nur ein Schein von Pestverdacht in der Stadt bestehe, was Gott verhüte, seien die Juden verpflichtet, alltäglich dem Officio jeden Erkrankungsfall zu melden, was es auch sei.

Kretschmayr [14] erwähnt, die Juden seien 11 Jahre nach 1516 wieder vertrieben und wiederum sechszehn Jahre später (1533) wieder zugelassen und zu einer Universitas vereinigt worden.

Beidem widerspricht ein Erlaß der Proveditoren vom 19. 3. 1523, in welchem bereits eine Universitas delli Ebräi erwähnt wird, die im Ghetto wohnen.

Ihre Vertreter erscheinen im Officio d. s. und tragen vor, Ihre Soprastanti hätten angesichts des Auftretens der Pest an verschiedenen Orten schon Vorkehrungen getroffen, um diesen Ort (fraglich, ob Venedig oder nur das Ghetto gemeint ist) gesund und frei von Infektion zu halten. Die Proveditoren erklären sich zufrieden und bestätigen die getroffenen Maßnahmen und Vorkehrungen, auch, daß den Soprastanti zu gehorchen sei, denn sie seien alle drei ihrer Meinung. Daher befehlen sie, weil diese Angelegenheit von großer Bedeutung sei, angesichts des Pestbefalls in verschiedenen Orten, unter der Autorität des Officio d. s., daß die Soprastanti die Maßnahmen zu diesem Zweck im Namen des Officio d. s. durchführen dürfen, auch Zuwiderhandelnden Strafen auferlegen dürfen, jedoch unter der Bedingung, eine Licenz des Officio einzuholen, wenn sie einen Ebräer aus dem Ghetto wegschicken wollen oder wenn sie jemanden aufnehmen wollen, der von auswärts kommt.

Diese Verfügung erweist, daß das Ghetto Aufseher, Soprastanti, aus den Reihen der Ebräer selbst hatte, daß also der Universitas eine gewisse Form der Selbstverwaltung eingeräumt war. Aus einer späteren Verfügung geht aber hervor, daß durch drei weitere staatliche Soprastanti eine Aufsicht über das Ghetto ausgeübt wurde. Diese Verfügung vom 11. 3. 1560 nennt staatliche Soprastanti zusammen mit den jüdischen Soprastanti, „che stanno in dominio con le soprastanti d'ghetto". Beide haben zu entscheiden, ob fremde Ebräer in das Ghetto aufgenommen werden oder ihnen Zimmer vermietet werden dürfen, eine Genehmigung, die sich bis dahin die Proveditoren vorbehalten hatten.

In das Capitulare ist schließlich „circa li Hebräi" ein Kapitel aufgenommen worden aus einer Entscheidung, die im Rat der X auf eine Eingabe der „Universitas Ebräorum in civitate Venetiarum" am 29. 10. 1539 fiel.

Im dritten Kapitel ihrer Eingabe hatten die Ebräer erbeten, wenn ein Fall von Pest im Ghetto vorkäme, was Gott nicht wolle, so möchte Seine „Sublimità" (Der Doge) gütigst gestatten, daß die Gesunden und nicht inficierten Ebräer, so weit sie es wollten, eine Unterkunft innerhalb des Gemeinwesen (in la terra) oder seiner Umgebung mieten dürften, zu ihrer und ihrer Familie Erhaltung, indem sie sich so in Sicherheit brächten. Die allergerechteste „Sublimatà" in ihrer gewohnten „liberalità et munificentia" möge gütigst diese kleine und gerechtfertigte Bitte erhören, indem sie sich ihrer Gnade mit gebogenen Knien anbefehlen.

So begreiflich der Wunsch war, dem eng gebauten, überfüllten Ghetto in einer Pestzeit zu entrinnen, war dieses Gesuch eine Zumutung an eine Regierung, die in Pestzeiten ihren Bürgern jeden Verkehr von außerhalb der Stadt und umgekehrt und jeden Umzug von einem Kirchenspiel zum anderen zu verbieten gewohnt war.

Die Entscheidung des Rates der X geht denn auch dahin, es werde ihnen zugestanden, Häuser außerhalb des Ghetto zu mieten, aber nicht in der Stadt oder anderswo, sondern „alle contrade", was in diesem Falle offenbar nicht die Kirchenspiele innerhalb der Stadt, sondern dörfliche Gemeinden in der „Gegend" außerhalb, bedeuten kann. Sie haben außerdem unmittelbar nach dem Schwinden des Pestverdachts ins Ghetto zurückzukehren, versehen mit einem Gesundheitspaß (bolletino della sanità).

Die Häupter des Rates der X ordnen am 2. 11. 1539 an, daß dieser Beschluß bei allen Behörden, die es angeht, zu registrieren sei: „Nos Capita Illustri Consiglii Decem vobis Dominis officialibus de Cathavere et quibuscunque aliis spectat dicimus et mandemus, che exequi dobiate la soprascrita parte per quanto a noi aspetta facendola registrar nel officio vostro et restituir la presente alle presentori." Die Cathaverei waren die Behörde über Eigentumsfragen. Die Formel ist die übliche, unter denen Beschlüsse des Rates der X zur Ausführung den Behörden zugeleitet wurden.

11. Schlußbemerkungen.

Die gesetzgeberische Leistung des Magistrato d. s. ruhte auf dem Fundament der in Jahrhunderten entwickelten Verwaltungserfahrung eines Staatswesens von kunstvoll ausgewogenem Gleichgewicht der zum Herrschen und Regieren berufenen Kräfte.

Bei allem Festhalten an überkommenen Formen der Beschlußfassung läßt die Formulierung der Erlasse und Verordnungen die juristische Schulung erkennen, über die nicht nur die Proveditoren, manche von ihnen Doctoren der Universität Padua, sondern wahrscheinlich ebenso auch die „Scrivane" des Officio aus der Klasse der „Cittadini della segredaria" verfügten.

In allen diesen Erlassen wird das angestrengte Bemühen erkennbar, allen Forderungen und Verboten einen streng logischen, lückenlosen, unangreifbaren Ausdruck zu geben und so jede Möglichkeit auszuschließen, in dem eng gespannten Netz der Gesetze eine Lücke aufzuspüren, die seine straflose Übertretung ermöglicht hätte, oder sie wenigstens als entschuldbar hätte erscheinen lassen.

Denn diese Gesetzgeber waren frei von jeglichen Illusionen über die Durchschnittsmoral der Menschen ihrer Zeit, ganz gleich welcher Gesellschaftsklasse sie angehörten. Daher gehörte Mißtrauen gegen Alle zu der gebotenen Einstellung der Abwehr jederzeit möglicher Vergehen gegen die Belange der Gemeinschaft wie des Mitmenschen.

Damit erklärt sich auch die Härte und Häufung der Strafen, die selbst für uns geringfügig erscheinende Vergehen angedroht waren. Es erklärt auch das Fehlen jedes Versuchs, etwa eine willige und vorbildliche Befolgung der Bestimmungen durch Prämierung zu belohnen. Es fehlte offenbar jedes Vertrauen, eine solche Gesinnung und Haltung der Mitarbeit überhaupt für möglich zu halten.

Selbst gegenüber den Männern gehobenen Standes, denen ein hoher Grad des Vertrauens zu verleihen war, sollte ein Verwaltungsapparat überhaupt arbeitsfähig sein, fehlte ein vorbehaltloses Vertrauen auf ihre Integrität. Es war ersetzt durch ein sorgfältig ausgebautes System gegenseitiger Kontrollen. Mit alledem erklärt sich aber auch, daß es für ein System, das grundsätzlich darauf verzichtete, eine sittliche Auffassung als Motiv des Handelns vorauszusetzen, etwas ganz Selbstverständliches war, um dem Gesetz Geltung zu verschaffen, Motive in ihren Dienst zu stellen, die für uns unter den Begriff des Unsittlichen fallen oder fallen sollten.

Das waren Mißgunst, Neid, Haß und Habsucht, aus denen heraus das Denunciantentum erwuchs. Und nicht nur mit der spontanen Auswirkung gemeiner Gesinnung wurde gerechnet. Man trug auch keine Bedenken, durch die Aufforderung zur Denunciation an Sklaven, Sklavinnen, an Diener, Mägde, Angestellte und Mitarbeiter mit lockenden Verheißungen von Freiheit, Gewinn und Straflosigkeit die menschlichen Beziehungen zu vergiften, die auf ein Zugehörigkeitsgefühl, um das hohe Wort Treue beiseite zu lassen, aufgebaut sein sollten.

So, wie wir es heute sehen, wurde nicht ein sittliches Verhalten belohnt, sondern ein unsittliches. Jene Zeit aber sah es anders. Die Denunciation war ein in die Rechtspflege eingebautes Verfahren, mit dem der Staat sich eine Einrichtung ersparte, die etwa der Staatsanwaltschaft eines modernen Rechtsstaates entsprochen hätte. Eine „bocca“ erfüllte die Rolle des öffentlichen Anklägers.

Eine „bocca“ war die Einwurfsöffnung für unterzeichnete oder anonyme Anzeigen, die an den Officien der Magistrate angebracht war. Eine solche „bocca“ des Magistrato d. s. ist noch heute am Zattere nahe dem Portal der kleinen Kirche S. Gerolamo dei Gesuati erhalten [20]. Die bekannteste war die „bocca di leone“ vor den Amtszimmern des Rates der X.

Gesetze gegen Erpressung zu erlassen, wäre dem Denken jener Zeit absurd erschienen, einem Verzicht gleich auf eine Abwehrwaffe gegen Übertretung der Gesetze.

Daß die Handlungsweise eines Denuncianten nicht durchaus als minderwertig beurteilt wurde, scheint mir dadurch erwiesen, daß die beiden Begriffe Denunciant und „accusatore“ ohne Differenzierung nebeneinander in den Erlassen erscheinen. Auch die

Auslobung der gleichen Belohnungen an anzeigende Beamte wie an den Denuncianten spricht nicht für dessen Diskriminierung durch die Behörde.

Nur, daß die öffentliche Meinung ihr Handeln mißbilligte — vielleicht aus einem Solidaritätsgefühl Aller gegen gesetzliche Bindungen an sich, das ja auch unserer Zeit noch nicht fremd ist — zeigt die immer wiederkehrende Versicherung „sia tenuto di credenza", es werde geheim gehalten werden, eine Sicherung gegen zu erwartende Racheakte.

Ob bei der Staatsführung überhaupt schon der Gedanke an die Einstellung eines öffentlichen Anklägers erwogen worden ist, läßt sich schwer sagen. Es könnte sein, daß ein solches Amt als mit der Würde und Ehre eines Nobile als unvereinbar angesehen worden wäre.

Diesen kriminalistischen Methoden von höchst anfechtbaren sittlichen Grundlagen stand aber gegenüber eine Staatsgesinnung der höchsten Auffassung des Herrschers als Wahrer des Rechts. Mochten die Mittel der Aufklärung einer gesetzwidrigen Handlung noch so bedenklich sein, niemals ist zweifelhaft gewesen, daß jedem Bürger des Staates, jedes Standes, sein Recht werden müsse und sein Recht wurde. Der Gewissenlosigkeit in der Benutzung jener Mittel stand gegenüber die Gewissenhaftigkeit der Proceßführung und der Rechtsprechung.

Mit der Eröffnung des Verfahrens, ganz gleich auf welche Weise der Verstoß gegen das Gesetz zur Kenntnis der Behörde oder des Gerichts gekommen war, tritt die Justicia als eine sittliche Macht in ihr volles Recht, mochte es sich um einen nichtigen Verstoß oder um Hochverrat handeln, um den Verrat von Staatsgeheimnissen oder um Verfälschung von Wurst.

Nicht weniger als dreimal trägt der Dogenpalast an seinen Fronten Sinnbilder der Gerechtigkeit und nahe am Marcusdom brennen seit Jahrhunderten zwei ewige Lämpchen vor dem Bilde der Madonna, Symbole der Sühne für einen Justizmord, dem ein einfaches Kind des Volkes zum Opfer fiel. Mit der Errichtung eines würdigen Monumentes sühnte die Signoria einen tragischen Irrtum der Rechtsprechung der Inquisitori di stato nach dem schuldlosen Tode Antonio Foscarinis.

Aber die Justicia trägt auch das Schwert. Die Discrepanz zwischen der Moral des Staates gegenüber seinen Bürgern und der

Primitivität des Rechtsgefühls der großen Masse der Menschen jener Zeit läßt uns die Unerbittlichkeit der Rechtspflege und die Härte, ja Grausamkeit der Strafen und ihres Vollzugs richtig verstehen und bewerten.

Die beiden Gesichter der Justicia Venedigs, das gütige und das strenge, schauen uns an aus den Pergamenten, die uns die Entschlüsse des Magistrato d. s. gegenwärtig machen.

An der Forderung einer gerechten, alle Möglichkeiten der Wahrheitsfindung erschöpfenden Proceßführung ist immer festgehalten worden. Das bezeugen deutlich die immer wieder erhobenen Einwände dagegen, daß der Rat der X und die Inquisitori di stato der Beachtung bestimmter Formen des Processierens enthoben waren.

Allerdings ging es bei den vor diesen Foren geführten Processen stets um die Geheimhaltung dessen, was man unter Staatsgeheimnissen verstand. Diese höchsten Gerichtsinstanzen des Staates waren in Fragen der Staatsraison nicht in der Anwendung von Wegen und Mitteln behindert, die vor dem Moralgesetz nicht zu rechtfertigen waren (L. v. Ranke). Wenn bei politischer Gefährdung des Staates auch der Meuchelmord als zulässiges Mittel galt, so stand jedoch eine solche Auffassung zu der Rechtsauffassung im Innenleben des Staates in schärfstem Gegensatz.

Bekanntlich hat das nach dem Sturz der Republik zu völlig entstellenden Darstellungen über die Rechtspflege dieser Institutionen Anlaß gegeben [15].

Es war der Stolz Venedigs, die Rechtsfindung auf die Grundlage völliger Gleichheit für alle und die unbeirrbare Beachtung des geltenden Rechts gestellt zu sehen.

Denunciation und Beweiserhebung waren für die Proceßführung streng geschiedene Dinge. Die Belohnungen werden dem Denuncianten oder Ankläger nur unter dem Vorbehalt zugesagt, daß die Anzeige sich als wahr erwiese. Diese Wahrheit zu suchen, war das Gericht verpflichtet.

Aus den in die Mariegole eingetragenen Processen, deren Gegenstand oft eine Lappalie ist, ersehen wir, wie ernst auch die Justicia vecchia im Gewerbegericht den Wahrheitsbeweis nahm.

Wie die peinlichste Wahrung des Rechts auf Eigentum, so war ein Grundrecht des venezianischen Bürgers sein Heimatsrecht. Nur ein schweres strafbares Vergehen konnte ihn für Zeit oder Dauer dieses Rechtes berauben. Selbst in Zeiten der Pest wäre eine Ausweisung aus Zweckmäßigkeitsgründen unmöglich gewesen. Schon eine zeitweise Umsiedelung auf die Terra ferma fand Ablehnung. Zugleich war die Verbannung die am schwersten empfundene Strafe und das Recht, einen Verbannten vom Bann zu lösen, die höchste Form der Belohnung für eine als wahr erwiesene Denunciation. Noch wie im Mittelalter ging, wer ins Ausland gehen mußte, ins Elend, in die Rechtlosigkeit.

Mit den Grundsätzen der Rechtsauffassung und den Formen der Rechtspflege des Staates waren alle Voraussetzungen gegeben für eine gegen jeden Einwand gesicherte Fassung der Erlasse und Entscheidungen der Gesundheitsbehörde.

Unsicher aber und dürftig waren die materiellen Prämissen, die dem Gesundheitsgesetzgeber zu Gebote standen.

Eine Gesundheitsgesetzgebung unserer Zeit schöpft aus dem reichen Bestande der medizinisch-hygienischen Forschungsergebnisse und einer aufs Sorgfältigste ausgebauten medizinischen, sociologischen und demographischen Statistik. Zu beidem lagen um 1500 noch nicht einmal Ansätze vor, an die die Proveditoren a.s. hätten anknüpfen können, um etwa selbst den Anstoß zu Forschung und Statistik geben zu können. Nichts deutet darauf hin, daß überhaupt nur ein Versuch gemacht worden wäre, die Ätiologie kausal aufzuklären. Heute muß für den Gesetzgeber auf medizinischem Gebiet die Schaffung von Forschungsstätten und statistischen Bureaus eine selbstverständliche Forderung sein.

Solches Denken lag noch gänzlich außerhalb der Erwägungen jener Zeit.

Schon was die Lösung der ihnen unmittelbar gestellten Aufgabe der Pestabwehr und Pestbekämpfung anging, nahmen Vermutungen, Vorurteile, phantastische Vorstellungen und wenige, oft nicht einmal richtig gedeutete Beobachtungen den Platz ein, den in der heutigen Epidemiologie die Kausalkette der Pest, ihrer Virusreservoire und Überträger einnimmt.

Dennoch wäre es falsch, die Leistung des Magistrato d. s. zu unterbewerten. So gering der Bestand an empirischen Erfahrungsmaterial war, er wurde genauestens ausgewertet, zum Teil in vollstem Widerspruch zu dem, was man die Schulmedizin jener Zeit nennen muß.

Mit der Annahme eines, „als ob" die Seuche durch ein Contagium übertragen werde, war, wenn auch mit den Mitteln der Zeit unbeweisbar, dennoch das erste Glied der Kausalkette gegeben. Was die Behörde auf Grund dieser Annahme zur Abwehr der Seuche unternahm war sinn- und zweckgemäß, so sehr auch diese summarische Auffassung eines, wie wir heute wissen, sehr komplexen Geschehens, noch manche verfehlte Maßnahme verschuldete. Um nur ein Beispiel zu nennen, den Abtransport inficierten Materials an Stelle seiner Desinfektion an Ort und Stelle.

Wesentlich gesicherter und geklärter hinsichtlich kausaler Verknüpfungen war der Bestand an Alltagserfahrungen über schädliche Einflüsse der Umwelt.

Ohne behördlichen Hochmut hat sich der neue Magistrat die Alltagserfahrungen zu Nutze gemacht, die in den Mariegole der Zünfte ihren Niederschlag gefunden hatten. Die Lebensmittelgesetzgebung ist ganz auf ihnen aufgebaut und ohne sie nicht denkbar. Gerade der Gegensatz zwischen dem Verzichtenmüssen auf jedes exacte Wissen um große Zusammenhänge und der sorgfältigen Ausnutzung der Erfahrungen im Kleinsten schloß die Möglichkeit zu erfolgreichem Planen in sich. Was die Proveditoren damals anordneten, um der Bevölkerung eine einwandfreie Ernährung zu sichern und Erkrankungen durch verdorbene Lebensmittel zu verhüten, hält den Vergleich aus mit unserer modernen Lebensmittelgesetzgebung.

Leider fehlen alle Möglichkeiten einer nachträglichen Aufstellung einer Statistik. Ohne Kasuistik keine Statistik. Und es sind zwar in den Mariegole der Zünfte auch Gewerbeprocesse eingetragen, in der Regel aber nur, wenn eine solche Eintragung ausdrücklich im Urteil angeordnet war, wahrscheinlich nur, wenn sie als wichtige Präcedenzfälle galten.

So erfahren wir z.B. leider nicht, wie oft dem venezianischen Pöbel der Genuß bereitet wurde, längs der Merceria oder beim Fischmarkt sich am Vollzug der Prügelstrafe zu ergötzen. Wichtiger aber wäre noch, zu wissen, ob die Härte und Häufung der angedrohten Strafen eine nennenswert abschreckende Wirkung gehabt haben.

Lohnend könnte sein, im Archivio di stato statistisches Material in den Akten der Justicia vecchia, falls sie erhalten sein sollten, aufzuspüren. Für die Prostitution bieten wahrscheinlich die noch vorhandenen Akten der Signori di notte solche Möglichkeiten.

Eine für jene Zeit ungewöhnliche Einsicht der Regierung für die Bedeutung biologischer und sociologischer Faktoren im Leben des Stadtvolks, die möglicherweise seine Gesundheit schädigen könnten, bewog den Senat, innerhalb weniger Jahrzehnte den Aufgabenkreis des Magistrato d. s. zu einer vielumfassenden Organisation auszuweiten. Er schlug damit ganz neue Wege ein, seine vormundschaftlichen Pflichten gegenüber dem politisch einflußlosen Volk auf das Gewissenhafteste zu erfüllen.

Um 1550 war die „sanità", das Gesundheitswesen Venedigs, an Umfang und Bedeutung ihrer Aufgaben gemessen, nichts Geringeres als 300 Jahre später der General Board of Health Englands, die Santé publique Frankreichs und der Öffentliche Gesundheitsdienst Deutschlands.

Eine Behörde, der 1486 eine gesetzgeberische Vollmacht ausschließlich verliehen worden war, um die Pest abzuwehren und zu bekämpfen, hatte das ihr geschenkte Vertrauen so glänzend gerechtfertigt, daß ihr nun Aufgaben übertragen wurden, wie sie, soweit festzustellen, innerhalb des europäischen Raums noch nirgends in einer Behörde zusammengefaßt worden waren. Wenn man von der Schaffung von Medizinalordnungen absieht, die wesentlich auf die Versorgung von Kranken abgestellt waren, lagen Armengesetzgebung, Jugendfürsorge, Überwachung der Prostitution, allgemeine Stadthygiene, so weit überhaupt an sie gedacht wurde, in den Händen sehr verschiedener Instanzen. Teilweise fallen sie auch heute noch in die Ressorts verschiedener Ministerien.

Die Sanità Venedigs verwirklichte bereits in der Mitte des 16. Jahrhunderts, was zu jener Zeit noch außerhalb des Denkens und Planens der Regierer nordeuropäischer Städte und Staaten lag. Ungehört blieben noch zu Ende dieses Jahrhunderts die klugen Ratschläge des Frankfurter Stadtarztes JOACHIM STRUPPIUS [10] und die warnende Stimme des Tiroler Arztes HIPPOLITH GUARINUS [10]. Selbst noch in der zweiten Hälfte des 18. Jahrhunderts und an der Schwelle des 19. Jahrhunderts erreichten die wohlbegründeten Entwürfe JOHANN PETER FRANKS [11] und FRANZ ANTON MAIS [10] zu einer Gesundheitsgesetzgebung nicht das Ohr des Gesetzgebers.

Zwar das Capitulare I des Magistrato d. s., das Repertorio des Caogrosso und die Mariegole der venezianischen Zünfte sind uns heute keine Quelle mehr für moderne Gesundheitsgesetze. Neben Vielem, was uns heute selbstverständlich ist, stehen Übertreibungen und Unterlassungen, verständlich aus der Lückenhaftigkeit des Wissens und aus der Primitivität des Denkens und Handelns der Menschen jener Zeit.

Was vor uns steht, ist bei alledem ein Gesetzesgebäude, dessen Folgerichtigkeit, Geschlossenheit und dessen hohe sittliche Auffassungen und Ziele es verstehen lassen, daß die „Sanità di Venezia" für Jahrhunderte ein unerreichtes Vorbild geblieben ist.

12. Anhang.

Der Einsetzungsbeschluß des Magistrato della sanità laut der Originalurkunde in dem Codex „Terra 1483—1485, Senato I-R. 9". des Archivio di stato:

Der Text ist wiedergegeben unter Auflösung der Abbreviaturen.

„Nemo est, quem lateat: Quanta incommoda, Jacturas, et detrimenta Passa fuerit Universa hec civitas nostra, cum Privato tam publico respectu, ob pestem, que estate elapsa adeo acriter In ea viguit: Inpresentiarumque Vigere non cessat: Et propterea ad Divinam gratiam, et clementiam, est etiam opportunis remediis a latere nostro Providendum per omnem modum, et viam possibilem In removendis fornitibus, et nutrimentis, per que conservari illa possit, Nam ex eo, quod Inpresentiarum perspici potest, nisi salubriter occurratur, verisimile dubitari posset, De maiori Inconvenienti, pro anno futuro, Et quoniam sicure hoc negotium est maximi ponderis et momenti, cum agatur de communi, et Universali Salute Ita expedit, ut Gubernetur, et procuretur, cum omni possibili cura, studio, et diligentia: Et per primarios cives nostros, In circa Vadit pars: quod de presenti per scrutinium in hoc consilio Eligantur tres solemnes et honorabiles Nobiles nostri supra Sanitatem terre, Et possint eligi de omni loco, exceptis Illis de Collegio per non impediendo negotia terre. Habeant plenam et omnimodam libertatem, Fakultatem, et potestatem ipsi tres de concordia imponendi penas, exigendi eas, expendendi ex pecuniis officii nostri Salis, et demum faciendi omnes et quascumque provisiones quas opportunas, et necessarias Judicaverint pro conservatione Sanitatis, Et quodcumque per dictos tres, terminatum, conclusum, et factum fuerit, sit firmum, et ratum, non secus ac factum fuisset per hoc consilium: Possendo etiam semper quod ipsis, vel alicui eorum videretur, venire ad hoc consilium, cum opinionibus suis, et ponere In hac materia illas partes, que Unicuique eorem viderentur. Debeant pretera per collegium cum dictis trb (?) ad bussolas, et ballotas eligi duo nostri Nobiles ad exequendum, et exequi faciendum quidquid per supradictos eis imponetur, et ordinabitur: cum salario ducatorum triginta pro quolibet duorem executorum In mense et ratione mensis, cum conditione in presentis solvendi medietatis: Et solventur de mense in mensem, ex Pecunijs offitij nostri Salis. Sint prefati tres eligendi per annum unum proximum: Quo tempore possint eligi ad qualcumque offitia, magistratus, Consilia, et Regimina tam Intus quam extra. Non possint refutare, Sub pena ducatorum 2000 pro quolibet, Ultra omnes alias penas partis novissimi maioris consilij contra refutantes offitia, ad quas eligantur cum pena."

Es haben drei Abstimmungen stattgefunden, die eine über die gesamte „parte", eine über die „Parte" mit Ausnahme des Abschnitts über die Executoren, eine dritte über die „parte" mit Ausnahme der Bestimmung, daß die Gewählten aus einem „officio continuo" gewählt werden können.

Dieser Teil des Pergaments ist sehr lädiert, so daß die Abstimmungsergebnisse nicht deutlich erkennbar sind. Jedoch scheint kein Mitglied des Senats gegen die Gesamtparte, abgesehen von jenen Ausnahmen, gestimmt und nur eines sich der Stimme enthalten zu haben.

Am Rande der Urkunde sind 9 Namen von Nobili (Savii) anscheinend von Mitgliedern des Collegio, darunter vier „Savii terra ferma" eingetragen, schließlich unter der Urkunde unter den Daten des 7. und 13. Januar je drei Namen von Nobili, die zweite Liste mit der Notiz „Provisores sup. Sanitatem Remanerunt et Remanserunt".

Es hat aber offenbar später eine erneute Wahl stattgefunden, denn die ersten drei Proveditoren alla sanità tragen andere Namen (s. S. 10).

Der Vorbeschluß vom 2. Januar 1485/86 lautet:

„Non est ambigendum quod apud divinan gratiam, et clementiam est etiam a latere nostro adhibenda omnis cura, et studium: In providendo: quod pestis quae anno superiore adeo acriter, et severe hanc civitatem nostram vexavit, et Inpresentiarum etiam vexare non definit. Ulterius non precedat: Et defectu provisionum, non reddatur continua: Et cum Provisores nostri Salis ob multas, et frequentas occupationes officij sui nequamque incumbere possint hunc negotium. Vadit pars, quod cum presente materia sit maxima importantia cum per eam agatur de Universali salute civitatis: Die ? (unleserlich) proximo, vocetur hoc consilium, ad quod omnes pottentes ponere partem venire debeant com opinionibis suis, Nec possint proponere Consilo aliquid aliud agi, nisi prius expeditum fiat presente negotium sub debito Sacramenti."

Dafür 157 Stimmen.
Dagegen eine.
Enthaltung eine.

Die Quellen.

I. Das Capitulare I.

Das wegen seiner kaligraphischen Schönheit und seines Miniaturenschmucks in der Sala Marguerita des Archivio di stato ausgelegte Capitulare primo des Magistrato della sanità ist eine Niederschrift aus dem Jahre 1541.

Das Titelblatt des Pergamentcodex zeigt eine fein gemalte Vignette mit weiß umrandeten roten Grund, auf dem 6 Zeilen Goldschrift stehen, umgeben von Figuren und Wappen, darüber der Löwe des Hl. Markus.

Der Schrifttext lautet:

Leges et Decreta Provisorum e multis codicillis
In unum Federicus Contarenus, Joannes Cornelius, Andreas
Trevisanus, Joannes Pisanus et Antonius Maripetro olim
Redegerunt. Mox Alexander Lauredanus, Aloysius de
Mulla, et Dominicus Trevisanus amotis superfluis in breviarium hoc — (schwer leserliches Wort, wahrscheinlich
contulerunt)
MDXLI

Der in dem Titelblatt erwähnte, von fünf Nobili zusammengestellte Text eines Capitulare ist nicht mehr vorhanden, ebensowenig die erwähnten Codicilli, die Originalurkunden der Verfügungen.

Eine wesentliche Verkürzung des Textes jenes ersten Capitulare durch Ausscheidung überholter Verfügungen scheint aber bei der Neufassung nicht stattgefunden zu haben, denn die ältere durchaus als zuverlässig anzusehende Quelle, das Notatorio primo, das auf Papier geschriebene Tagebuch des Officio, enthält nur wenige Verfügungen, die das Capitulare nicht bringt, obwohl hier alle wesentlichen Teile im Wortlaut gegeben sind. Das Notatorio bietet also, abgesehen von einem Einblick in den täglichen Gang der Geschäfte, sehr erwünschte Vergleichs- und Kontrollmöglichkeiten.

Wahrscheinlich war das erstrebte Ziel der Niederschrift von 1541, den bis dahin nichts anderes als eine Sammlung der Verfügungen und Erlasse in zeitlicher Reihenfolge darstellenden Aktenbestand der Übersichtlichkeit halber nach Materien zu ordnen.

Eine Dienstanweisung in modernem Sinne war dies Capitulare aber auch damit nicht geworden. Eine solche gleicher Art zu schaffen, wie sie die meisten Matrikeln der Zünfte enthalten, ist anscheinend niemals beabsichtigt gewesen. Denn auch der Text von 1541 bringt in seinen übrigens sachlich nicht immer ganz scharf geschiedenen Abschnitten nur Sammlungen von Verfügungen usw., angeordnet in der Folge der Daten ihrer Proclamation.

Im Jahre 1584 schließlich halten die Proveditoren für notwendig, erneut eine den Dienstbetrieb erleichternde Aufstellung vornehmen zu lassen. Sie beauftragen damit den Schreiber III. Filippo Caogrosso.

Das erste Blatt des in einem schön geprägten Ledereinband mit den colorierten Wappen der drei derzeitigen Proveditoren versehenen Pergamentcodex trägt auf dem Titelblatt in einem farbig verzierten Mittelfeld folgenden Text:

Ut en que Transactis Temporibus
In Presenti Magistratu Perdicta
Justiciata et Sancita fuerunt, in
Confusa Existentia, Facilius in-
venientur, et Inventa potere
Observantur
Aloisius Sanudo, Hieronmus
Marcello, et Franciscus Corrarius
Provisores Salutis una-
nimes Repertoria hec
Fieri curarunt.
Anno partu Virgineo MDLXXXIII

Filippo Caogrosso hat nicht nur mit Geschick und Fleiß sich der Aufgabe unterzogen, das gesamte im Officio vorliegende Material aus dem Capitulare und den Notatorien zu excerpieren und in abgekürzter aber klarer Form in erneuter Anordnung niederzuschreiben. Er hat auch unternommen, dem Text einen Abriß der Seuchengeschichte Venedigs vorauszuschicken. Sie beginnt mit der Erwähnung einer Pestepidemie des Jahres 1173 unter dem Dogat Vitale Michiels II, — es war 1172 — geht dann ausführlich ein auf die große Pest von 1348 unter dem Dogat des Andrea Dandolo, erwähnt die Errichtung der Lazarette unter dem Dogat Francesco Foscaris und schließlich die Errichtung des Magistrato della sanità unter dem Dogat von Marco Barbaro. Er führt auch alle Pestepidemien des 14., 15. und 16. Jahrhunderts auf. Im 15. Jahrhundert waren es allein elf. Deutlich wird, wie das gesamte Gesundheitswesen der Stadt stets unter dem Druck drohender Pesteinbrüche gestanden hat.

Er schließt: „Da nun die Clarissimi Signori, — es folgen die Namen der oben genannten Proveditoren — die zur Zeit amtierenden würdigsten Proveditoren des genannten Dienstes wünschten, ein zusammenfassendes Regulativ aufzustellen, übergaben sie diese Aufgabe mir, Filippo Caogrosso, Sohn des Zuane. Dies Regulativ ist von mir aufgestellt worden aus den vorliegenden Zusammenfassungen und Repertorien (Summaria) damit mit dieser Compilation man das sehen und verstehen könne, was in den vergangenen Zeiten, wenn die so grausame Seuche der Pest in dieser Stadt herrschte, ausgeführt wurde, und, hiervon abgesehen, daß, wenn es wieder geschieht, unser Herrgott sie erlöse, und man wisse, was man zu tun habe, um die göttliche Gunst zu unterstützen (adjutandosi sempre il divino favore). Und damit man wisse, wie alles aufs Beste auszuführen sei, ist, was von mir in dem genannten Officio gefunden wurde, alles in diesem Repertorio niedergeschrieben worden."

Es folgt nun ein sehr sorgfältig aufgegliedertes Inhaltsverzeichnis und dann der eigentliche Text, stets mit genauen Daten und Angabe der Quellen — Capitulare oder Notatorio — versehen.

Das Regulativ des Caogrosso, obwohl an Schönheit der Schrift weit hinter dem Capitulare I zurückstehend, ist als Vergleichsquelle von bedeutendem Wert. Sein Inhalt ist, auch infolge der sorgfältigen Auswertung des Notatorio durch ihn, zum Teil ergiebiger als das des Capitulare I.

Alles, was in den Textabschnitten des Capitulare I und in der Niederschrift Caogrossos die Lebensmittelgesetzgebung betrifft, erfährt schließlich eine wertvolle, manche Zweifel behebende und die Entstehung bestimmter Auffassungen und Beschlüsse erklärende Ergänzung durch die Texte der Mariegole, der Matrikeln derjenigen Zünfte, deren Aufgabe der Lebensmittelhandel war, soweit sie erhalten sind, ganz besonders, soweit die in ihnen niedergelegten Verordnungen und Beschlüsse in die Zeit vor 1486 zurückreichen.

Von den in den Beständen der Bibliothek des Museo Correr vorliegenden Mariegole waren besonders ergiebig die Matrikeln der „Luganegheri", der Wurstmacher, die Matrikel der „Compra e Vendi pesci", der Fischverkäufer, die Matrikel der „Venditori die olio e sapone", der Öl- und Seifenhändler, die Matrikel der „Arte der Pestrineri e Vendi latte", der Milchviehhalter und Milchhändler und die Matrikel der „Aquaruoli", der Wasserverkäufer.

Literatur.

[1] Beltrami, D.: Storia della popolazione di Venezia etz. Padova 1954. — [2] Boerio: „Dizionario del dialetto veneziano." Venezia 1824. — [3] Caogrosso, F.: Repertorio. Arch. di stato, Venezia. Manuscript (1584). — [4] *Capitulare I des Magistrato della sanità*: Arch. di stato, Venezia. Manuscript (1541). — [5] Castiglione, H.: Storia della medizina (1948). — [6] Cecchetti, B.: „Industrie in Venezia." Arch. Veneto **4** (1882). — [7] Cecchetti, B.: „La medizina in Venezia." Arch. Veneto (1883). — [8] *Deliberazioni Maggior Consiglio:* Arch. di stato, Venezia. — [9] *Deliberazioni Senato:* Arch. di stato, Venezia. — [10] Fischer, Alf.: Geschichte des Deutschen Gesundheitswesens. Berlin 1933. — [11] Frank, J. P.: System einer vollständigen medizinischen Polizey. Frankenthal. Bd. 7 (1792). — [12] Goethe, J. W.: Italienische Reise. — [13] Joachimsen, B.: Das Zeitalter der Reformation. Prop. Weltgeschichte. Bd. 5. — [14] Kretschmayr, H.: Geschichte von Venedig. Bd. I u. II. Gotha 1905, 1920. — [15] *Mariegole der venezianischen Zünfte:* Bibliothek des Museo Correr. Venedig. — [16] Molmenti, P. G.: La storia di Venezia nella Vita Privata. Torino 1925/27. — [17] *Oxford, conte di.:* Leggi e memorie sulla Prostitutione sino alla caduta della republica. Referat: Arch. Veneto **9**, Tom 1. — [18] Ramazzini, B.: Opera omnia. Edit. quarta. Tom. sec. Londini 1739. — [19] Ranke, L.: Zur venezianischen Geschichte. Leipzig 1878. — [20] Rodenwaldt, E.: Pest in Venedig 1576/77. Heidelberg 1953. — [21] Romanin: Storia documentata de Venezia.

Jahrgang 1942.

1. E. Gotschlich. Hygiene in der modernen Türkei. DM 0.60.
2. Studien im Gneisgebirge des Schwarzwaldes. XIII. O. H. Erdmannsdörffer. Über Granitstrukturen. DM 1.60.
3. J. D. Achelis. Die Überwindung der Alchemie in der paracelsischen Medizin. DM 1.40.
4. A. Benninghoff. Die biologische Feldtheorie. DM 1.—.

Jahrgang 1943.

1. A. Becker. Zur Bewertung inkonstanter α-Strahlenquellen. DM 1.—.
2. W. Blaschke. Nicht-Euklidische Mechanik. DM 0.80.

Jahrgang 1944.

1. C. Oehme. Über Altern und Tod. DM 1.—.

1945, 1946 und 1947 sind keine Sitzungsberichte erschienen.

Ab Jahrgang 1948 erscheinen die „Sitzungsberichte" im Springer-Verlag.

Inhalt des Jahrgangs 1948:

1. P. Christian und R. Haas. Über ein Farbenphänomen. DM 1.50.
2. W. Blaschke. Zur Bewegungsgeometrie auf der Kugel. DM 1.—.
3. P. Uhlenhuth. Entwicklung und Ergebnisse der Chemotherapie. DM 2.—.
4. P. Christian. Die Willkürbewegung im Umgang mit beweglichen Mechanismen DM 1.50.
5. W. Bothe. Der Streufehler bei der Ausmessung von Nebelkammerbahnen im Magnetfeld. DM 1.—.
6. W. Troll. Urbild und Ursache in der Biologie. DM 1.50.
7. H. Wendt. Die Jansen-Rayleighsche Näherung zur Berechnung von Unterschallströmungen. DM 2.40.
8. K. H. Schubert. Über die Entwicklung zulässiger Funktionen nach den Eigenfunktionen bei definiten, selbstadjungierten Eigenwertaufgaben. DM 1.80.
9. W. Schaaff. Biegung mit Erhaltung konjugierter Systeme. DM 1.80.
10. A. Seybold und H. Mehner. Über den Gehalt von Vitamin C in Pflanzen. DM 9.60.

Inhalt des Jahrgangs 1949:

1. H. Maass. Automorphe Funktionen und indefinite quadratische Formen. DM 3.60.
2. O. H. Erdmannsdörffer. Über Flasergranite und Böllsteiner Gneis. DM 1.20.
3. K. H. Schubert. Die eindeutige Zerlegbarkeit eines Knotens in Primknoten. DM 2.80.
4. K. Holldack. Grenzen der Herzauskultation. DM 4.20.
5. K. Freudenberg. Die Bildung ligninähnlicher Stoffe unter physiologischen Bedingungen. DM 1.—.
6. W. Troll und H. Weber. Morphologische und anatomische Studien an höheren Pflanzen. DM 7.80.
7. W. Doerr. Pathologische Anatomie der Glykolvergiftung und des Alloxandiabetes. DM 9.80.
8. W. Threlfall. Knotengruppe und Homologieinvarianten. DM 1.50.
9. F. Oehlkers. Mutationsauslösung durch Chemikalien. DM 3.80.
10. E. Sperner. Beziehungen zwischen geometrischer und algebraischer Anordnung. DM 3.—.
11. F. Heller. Ursus (Plionarctos) stehlini Kretzoi. DM 4.80.
12. W. Rauh. Klimatologie und Vegetationsverhältnisse der Athos-Halbinsel und der ostägäischen Inseln Lemnos, Evstratios, Mytiline und Chios. DM 10.50.
13. Y. Reenpää. Die Schwellenregeln in der Sinnesphysiologie und das psychophysische Problem. DM 1.60.